MATH
NOTEBOOK

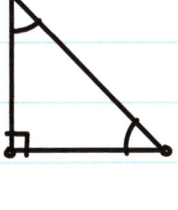

FIRST PUBLISHED IN THE UNITED STATES UNDER THE TITLE:
EVERYTHING YOU NEED TO ACE MATH IN ONE BIG FAT NOTEBOOK:
The Complete Middle School Study Guide
Copyright © 2016 by Workman Publishing
All rights reserved.
This Korean edition was published by Woorischool in 2017 by arrangement with Workman Publishing
Company, New York through KCC(Korea Copyright Center Inc.), Seoul.

이 책은 (주)한국저작권센터(KCC)를 통한 저작권자와의 독점계약으로 도서출판 우리학교에서 출간되었습니다.
저작권법에 의해 한국 내에서 보호를 받는 저작물이므로 무단전재와 복제를 금합니다.

Writer Altair Peterson
Illustrator Chris Pearce
Series Designer Tim Hall
Designers Gordon Whiteside, Abby Dening
Editor Nathalie Le Du
Production Manager Jessica Rozler
Production Manager Julie Primavera
Concept by Raquel Jaramillo

수학천재의 비법노트

수와 연산·비와 비율

브레인 퀘스트 지음 | 김의석 옮김

우리학교

수학과 친해지는 가장 완벽한 방법

안녕?

지금부터 너에게만 내 수학 비법노트를 보여 줄게. 아참, 내가 누구냐고? 내 입으로 말하기는 좀 쑥스럽지만 사람들은 나를 천재라고 불러. 특히 수학을 아주 잘해서 '수학 천재'라는 소리를 많이 듣지.

『수학천재의 비법 노트 : 수와 연산·비와 비율』에는 정수, 소수, 분수의 사칙연산과 비, 비례식, 백분율 등 수학과 친해지기 위해 반드시 알아야 할 모든 내용이 들어 있어.
물론 시험에 자주 나오는 내용들도 빠짐없이 들어 있지!

$\frac{1}{2}$

비법노트 활용법!

- 중요한 수학 용어는 <mark>노란색 형광펜</mark>으로 덧칠했어.
- 모든 수는 파란색 볼펜으로 썼지.
- 알록달록한 화살표 상자 속에 다양한 예제를 보여 뒀어. [예제]
- 몇몇 중요한 내용은 재미있는 만화로 그려 넣었어.

만약 수학 교과서가 마음에 들지 않고, 수업 내용을 필기하는 게 어려웠다면, 이 노트가 도움이 될 거야. 네가 배워야 할 중요한 내용들이 모두 들어 있거든. 하지만 수업시간에 선생님이 이 노트에 없는 내용을 가르쳐 주신다면 얼른 받아 적어야겠지?

나는 이제 이 노트가 필요 없어. 노트의 내용을 다 알고 있거든. 그러니까 지금부터 이 노트의 주인은 바로 너야.
이 노트는 네가 수학과 친해질 수 있는 가장 완벽한 방법을 알려 줄 거야. 자, 그럼 시작해 볼까?

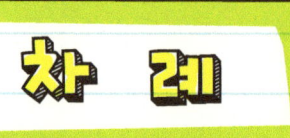

수와 연산

비법노트 1장	수의 종류와 수직선	10
비법노트 2장	양수와 음수	19
비법노트 3장	절댓값	27
비법노트 4장	약수와 최대공약수	33
비법노트 5장	배수와 최소공배수	41
비법노트 6장	분수의 덧셈과 뺄셈	47
비법노트 7장	분수의 곱셈과 나눗셈	57
비법노트 8장	소수의 덧셈과 뺄셈	63
비법노트 9장	소수의 곱셈	67
비법노트 10장	소수의 나눗셈	71
비법노트 11장	정수의 덧셈	75
비법노트 12장	정수의 뺄셈	81
비법노트 13장	정수의 곱셈과 나눗셈	85
비법노트 14장	부등식	89

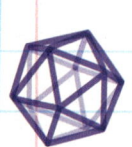
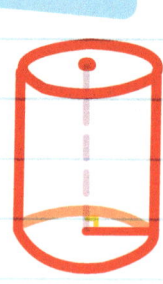

비와 비율

- **비법노트15장** 비 96
- **비법노트16장** 비의 값과 단가 101
- **비법노트17장** 비례식 105
- **비법노트18장** 단위 변환 113
- **비법노트19장** 백분율 121
- **비법노트20장** 백분율 문장제 127
- **비법노트21장** 세금과 연체료 133
- **비법노트22장** 할인과 가격 인상 141
- **비법노트23장** 봉사료와 판매 수수료 151
- **비법노트24장** 이자 157
- **비법노트25장** 백분율 변화율 165
- **비법노트26장** 표와 비율 169

 부록 개념연결 생각그물·교과연계표 175

·이 책 어딘가에
맛있는 치즈가
있다고 하던데···

수와 연산

수, 자연수, 정수, 유리수, 무리수, 실수, 수직선,
양수, 음수, 반수, 절댓값, 소수, 약수, 배수,
최대공약수, 최소공배수, 분수, 나머지, 약분,
통분, 부등식

비법노트 **1**장

수의 종류와 수직선

수학에는 다양한 종류의 수가 있어.
그중 가장 자주 사용하는 수의 종류는 다음과 같아.

자연수 : 1부터 1씩 더해가며 얻을 수 있는 모든 수를 자연수라고 해. 셀 수 있는 수라고 할 수도 있어.

예 ▶ 1, 2, 3, 4, 5, …

범자연수 : 0과 자연수를 합쳐서 범자연수라고 해. 소수나 분수 부분이 없고, 0보다 작은 수는 포함하지 않아.

예 ▶ 0, 1, 2, 3, 4, …

정수 : 범자연수와 음의 정수를 합쳐서 정수라고 불러.

예 ⋯, -4, -3, -2, -1, 0, 1, 2, 3, 4, ⋯

유리수 : 정수를 정수로 나누어 얻을 수 있는 수를 유리수라고 불러. 좀 더 쉽게 설명하면 분수 또는 비율로 쓸 수 있는 수야. 유리수의 영어 표현 rational number의 어원이 비율을 의미하는 ratio라는 걸 생각하면 이해하기 쉬울 거야.

예 $\frac{1}{2}(=0.5)$, $0.25(=\frac{1}{4})$, $-7(=\frac{-7}{1})$,

$4.12(=\frac{412}{100})$, $\frac{1}{3}(=0.\overline{3})$

3 위에 있는 '⁻'는 3이 무한히 반복된다는 표시야.

$-0.3333333333333333...$

무리수 : 소수 부분이 특별한 규칙 없이 무한히 계속돼서 분수로 나타낼 수 없는 수를 무리수라고 해.

'⋯'은 숫자가 끝임없이 계속된다는 표시야.

예 $3.141592\cdots$, $\sqrt{2}$

사실 모든 수에는 소수 부분이 있어. 예를 들어 2를 2.0000⋯으로 쓸 수 있지. 하지만 무리수의 소수 부분은 특별한 규칙 없이 수많은 숫자가 반복되기 때문에 다른 수와 쉽게 구분할 수 있어.

실수 : 수직선 위에 한 점으로 나타낼 수 있는 모든 수를 실수라고 해. 실수는 서로 크기를 비교할 수 있어. 양수이거나 음수일 수 있고, 소수이거나 분수일 수도 있어.

예 ➡ $5, -17, 0.312, \frac{1}{2}, \pi, \sqrt{2}$ 등

지금까지 살펴본 수들의 관계를 그림으로 정리한 거야.

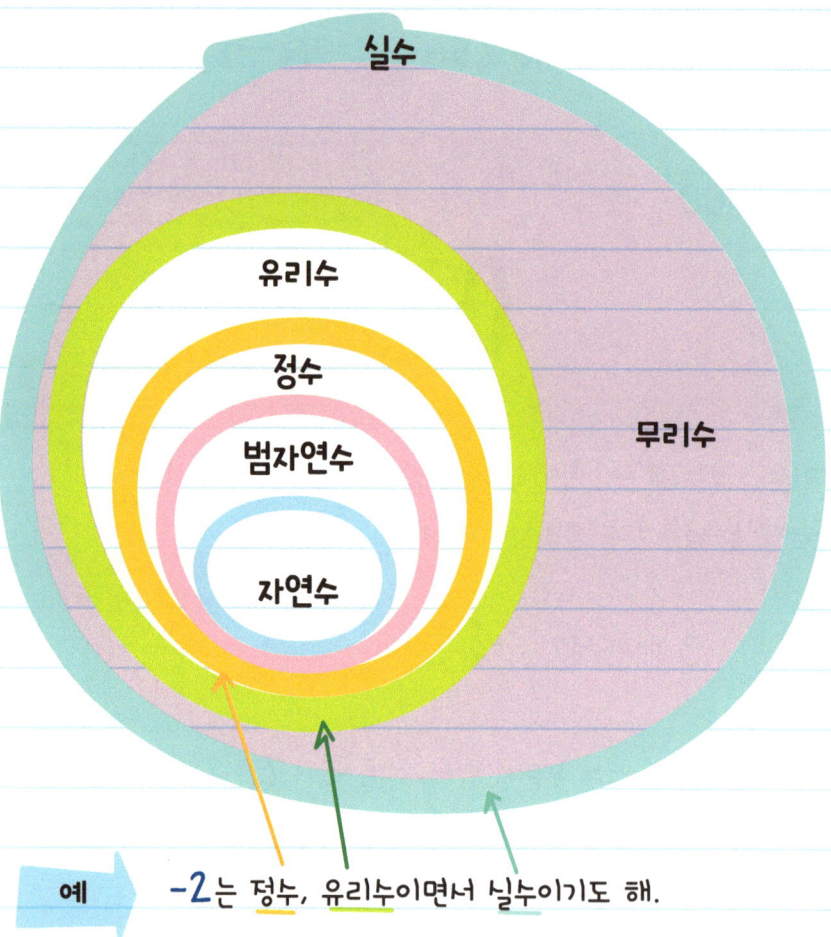

예 ➡ -2 는 정수, 유리수이면서 실수이기도 해.

다른 예도 살펴볼까?

46은 자연수, 정자연수, 정수, 유리수이면서 실수야.

0은 정자연수, 정수, 유리수이면서 실수이기도 해.

$\frac{1}{4}$은 유리수이면서 실수야.

6.675는 유리수이면서 실수이기도 해.
(모든 유한소수는 유리수야.)

$\sqrt{5}$ = 2.2360679774⋯는 무리수이면서 실수야.
(이렇게 소수 부분이 아무런 규칙 없이 무한히 계속되는 수는 무리수야.)

실수와 수직선

일정한 간격으로 눈금을 표시하고, 모든 수를 크기 순서에 따라 대응시킨 직선을 **수직선**이라고 해. 두 수 중 작은 수는 왼쪽에, 큰 수는 오른쪽에 표시하지. 모든 실수는 수직선 위에 한 점으로 나타낼 수 있어.

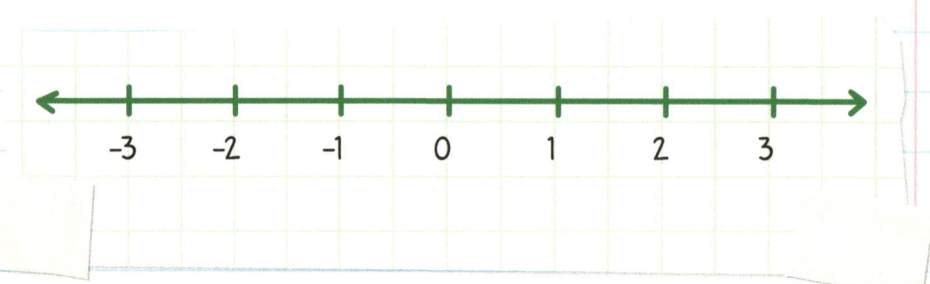

예 2는 0, 1보다 크니까 0과 1의 오른쪽에 있어.

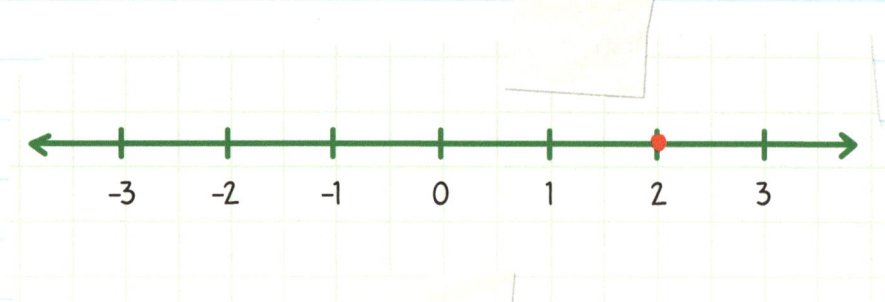

예 마찬가지로 −3은 −2, −1보다 작으니까 −2와 −1의 왼쪽에 있어.

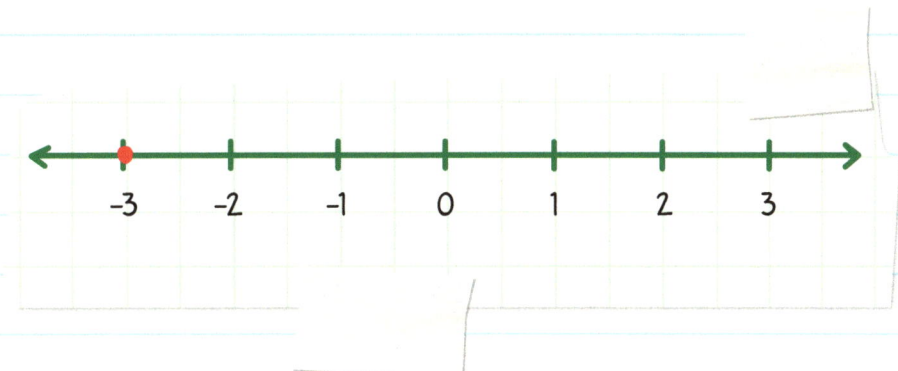

예 정수뿐 아니라 분수, 소수 등 다른 모든 실수도 수직선 위에 표시할 수 있어.

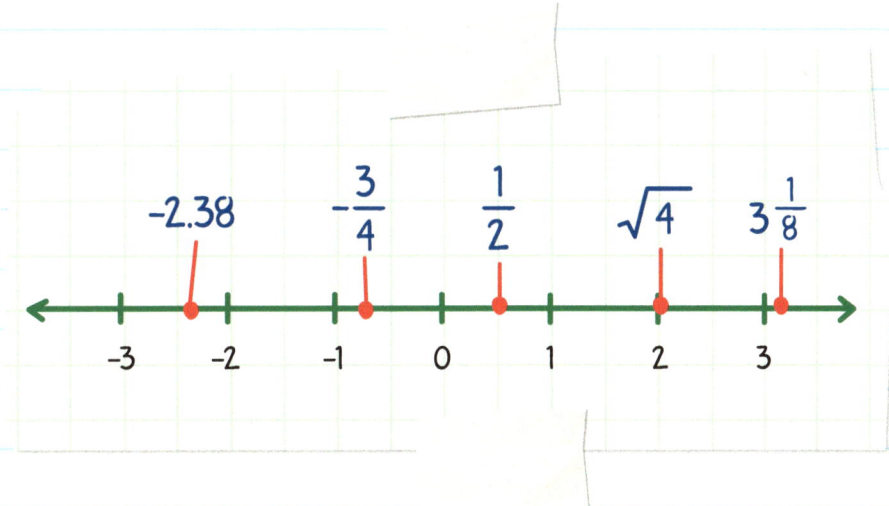

3 3 3 3 3 3 3 3 3 3 3 3 3 3 3 3 3 3 3 3 3 3 3 3 3 3 3 3 3 3...

계속 이어지고 있어!

퀴즈

1~8. 주어진 수를 최대한 자세히 분류해 보자.

1. -3

2. $4.\overline{5}$

3. $-4.8937587253765348728743984309 8\cdots$

4. -9.7654321

5. 1

6. $-\dfrac{9}{3}$

7. $\sqrt{2}$

8. $5.\overline{678}$

9. $\dfrac{1}{45}$ 은 수직선 위에서 0의 왼쪽과 오른쪽 중 어디에 있을까?

10. -0.001은 수직선 위에서 0의 왼쪽과 오른쪽 중 어디에 있을까?

17

정답

1. −3은 정수, 유리수이면서 실수다.

2. 4, $\bar{5}$는 유리수이면서 실수다.

3. −4.8937587025376…는 무리수이면서 실수다.

4. 유리수이면서 실수다.

5. 자연수, 범자연수, 정수, 유리수이면서 실수다.

6. 정수, 유리수이면서 실수다.
   ($-\frac{9}{3}$는 −3으로 나타낼 수 있다.)

7. 무리수이면서 실수다.

8. 유리수이면서 실수다.

9. $\frac{1}{45}$은 수직선 위에서 0의 오른쪽에 있다.

10. −0.001은 수직선 위에서 0의 왼쪽에 있다.

비법노트 **2**장

양수와 음수

이번엔 양수와 음수를 소개할게. 0보다 큰 수를 **양수**라 하고 0보다 작은 수를 **음수**라고 해. 양수와 음수는 0을 기준으로 서로 반대 방향으로의 크기, 값을 나타내기 위해 함께 사용되기도 해.

모든 양수는 특별한 기호 없이 쓸 수 있어. 예를 들어 +4와 4는 같은 수야. 반면 모든 음수는 -4처럼 음수를 나타내는 - 부호를 꼭 붙여야 해.

> **꼭 기억해!**
> 정수는 양수와 음수, 0으로 구성돼 있어.

앞에서 공부했듯이 모든 정수는 수직선 위에 한 점으로 나타낼 수 있어. 그렇다면 0은 어디에 있어야 할까? 모든 정수를 수직선 위에 나타낸다면, 양수도 음수도 아닌 0은 정확히 수직선 한가운데에 있어야 해.

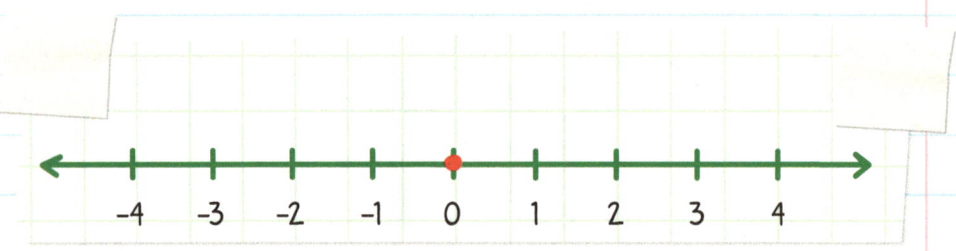

양수와 음수는 실생활에서 다양하게 활용돼. 다음 그림을 살펴보자.

음수   **양수**

빚
(은행에서 빌린 돈)

저금
(은행에 맡긴 돈)

누직선 위에서 양수와 음수는 각각 0의 오른쪽과 왼쪽에 있어. 오른쪽으로 갈수록 점점 커지고, 왼쪽으로 갈수록 점점 작아지지. 누직선 양끝에는 **화살표**가 있는데, 양의 **무한대**로 계속 증가하고, 음의 무한대로 계속 감소한다는 뜻이야.

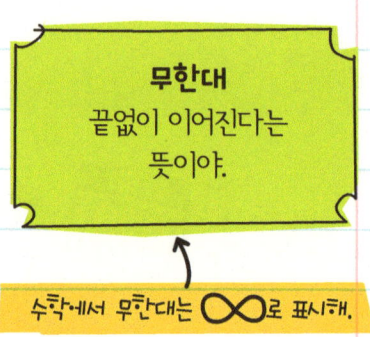

무한대
끝없이 이어진다는 뜻이야.

수학에서 무한대는 ∞로 표시해.

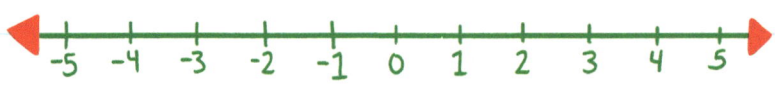

양수와 음수를 나타내는 +부호와 −부호는 누직선에서 서로 반대 방향을 나타내. 예를 들어 +5와 −5는 0을 기준으로 서로 반대 방향에 있고, 0에서 같은 거리만큼 떨어져 있어. 이런 관계에 있는 두 수를 서로에 대한 **반수**(反數, 덧셈에 대한 역원)라고 불러.

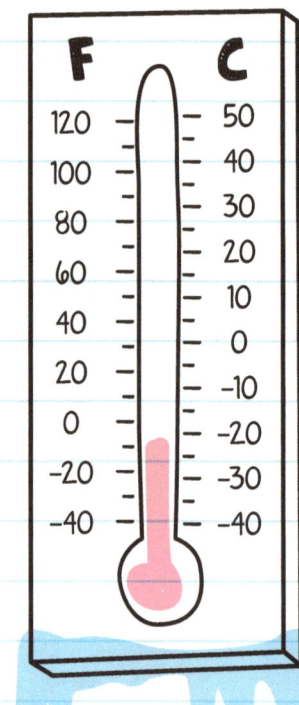

온도계에서는 0보다 위에 있는 수가 양수, 아래에 있는 수가 음수야.

예제 8의 반수는 얼마일까?

−8

예제 영철이가 낭민이에게 2,000원을 빌렸어. 영철이가 빌린 금액을 +나 −부호를 사용해서 나타내 보자.

−2,000

어떤 수 N에 대한 **반수의 반수**는 원래의 수 N이 돼. 예를 들어 5의 반수는 −5이고, −5의 반수는 5이니까 5의 반수의 반수는 5야.

예제 −16의 반수의 반수는 얼마일까?

−16의 반수는 16이고,
16의 반수는 −16이야.

따라서 −16의 반수의 반수는 −16이지.

1~5. 주어진 양을 +나 -를 사용하여 나타내 보자.

1. 잠수함은 해수면 200m 아래에 있다.

2. 헬리콥터는 착륙장 525m 상공을 날고 있다.

3. 현재 기온은 영하 8도다.

4. 예은이는 친구 선주에게 11,000원을 빌렸다.

5. 신우는 은행에 5,000원을 입금했다.

6. 2의 반수를 수직선 위에 나타내 보자.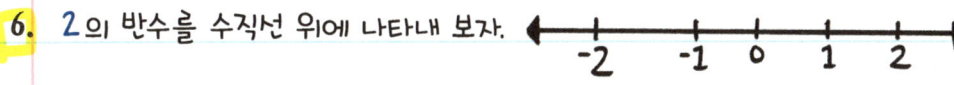

7. -100의 반수는 얼마일까?

8. 2의 반수의 반수를 수직선 위에 나타내 보자.

9. 79의 반수의 반수는 얼마일까?

10. -47의 반수의 반수는 얼마일까?

정답

1. −200

2. +525

3. −8

4. −11,000

5. +5,000

6. ←|——•——|——|——|——|——|→
     -2 -1 0 1 2

7. 100

8. ←|——|——|——|——|——|——•——|——|→
   -3 -2 -1 0 1 2 3

9. 79

10. −47

비법노트 **3**장

절댓값

수직선 위에서 수를 나타내는 점과 0 사이의 거리를 그 수의 **절댓값**이라고 해. 절댓값은 거리이니까 언제나 양수야. 두 개의 막대, 즉 절댓값 기호 ' | | '를 수의 양옆에 두어 절댓값을 나타낼 수 있어.

예 |-4|

|-4|는 '-4의 절댓값' 또는 '절댓값 -4'라고 읽어. 수직선 위에서 -4는 0에서 4칸 떨어져 있기 때문에 -4의 절댓값은 4야.

예 |9|

|9|는 '9의 절댓값' 또는 '절댓값 9'라고 읽어. 수직선에서 9는 0에서 9칸 떨어져 있기 때문에 9의 절댓값은 9야.

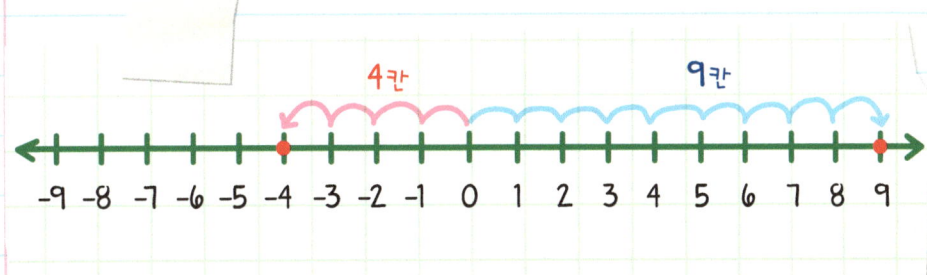

절댓값 기호 사이에는 수뿐만 아니라 수식이 들어갈 수도 있어. 이 경우, 절댓값을 구하기 위해서는 막대 사이에 있는 수식을 먼저 계산해야 해.

예 |5 - 3| = |2| = 2

절댓값 기호 앞에 -부호가 붙어 있다면 값은 어떻게 구할까? 간단해. 안에 있는 수식을 먼저 계산해서 절댓값을 구한 뒤 -부호를 붙이면 돼.

예 -|6| = -6

6의 절댓값은 6이야. 절댓값 기호 앞에 -부호가 있으니까 값은 -6이지.

난 어떤 수든 양수로 바꿀 수 있어!

예 $-|-16| = -16$

-16의 절댓값은 16이고, 절댓값 기호 앞에 $-$부호가 있으니까 값은 -16이야.

마지막으로 한 가지 더 알려 줄게. 절댓값 기호 앞에 수가 있으면 괄호 앞에 수가 있는 것과 마찬가지야. 즉, 곱셈을 의미하지.

예 $2|-4|$ ← -4의 절댓값은 4야.
           $2 \times 4 = 8$

-4의 절댓값을 구한 뒤 2를 곱해 8을 얻을 수 있어.

곱셈은 × 외에도 다음과 같이 여러 형태로 쓸 수 있어.
$2 \times 4 = 8$
$2 \cdot 4 = 8$
$(2)(4) = 8$
$2(4) = 8$

문자를 사용할 때, 다음과 같이 문자와 문자 또는 수와 문자를 붙여 써서 곱셈 기호를 생략할 수도 있어.
$ab = 8$
$3x = 15$

1~8. 절댓값을 구해 보자.

1. $|-19|$

2. $|49|$

3. $|-4.5|$

4. $\left|-\dfrac{1}{5}\right|$

5. $|7-3|$

6. $|1 \cdot 5|$

7. $-|65|$

8. $-|-9|$

9. 수용이는 15,000원의 빚이 있다. 이 빚의 절댓값을 구해 보자.

10. 어떤 계곡은 해수면보다 94m 낮다. 이 계곡과 해수면 높이 차의 절댓값을 구해 보자.

정답

1. $|-19| = 19$

2. $|49| = 49$

3. $|-4.5| = 4.5$

4. $\left|-\dfrac{1}{5}\right| = \dfrac{1}{5}$

5. $|7-3| = 4$

6. $|1 \cdot 5| = 5$

7. $-|65| = -65$

8. $-|-9| = -9$

9. $|-15,000| = 15,000$

10. $|-94| = 94$

비법노트 **4**장

○ △ ◇  ◇ ○ △

최대공약수

몇 개의 정수를 서로 곱해서 하나의 정수를 얻었을 때, 곱해진 여러 정수를 바로 **인수**라고 해.

예제 6의 인수를 구해 보자.

2와 3을 곱하면 6이니까 2와 3은 6의 인수야.
1과 6을 곱해도 6이니까 1과 6도 6의 인수지.

따라서 1, 2, 3, 6 모두가 6의 인수야.

어떤 수 N의 인수를 찾을 때 이렇게 질문을 던져 봐.
'어떤 정수를 서로 곱하면 N을 얻을 수 있을까?'

1보다 큰 모든 정수는 적어도 2개의 인수를 가지고 있어.
모든 수는 1과 자기 자신의 곱으로 나타낼 수 있기 때문이야.

나는 어디에나 곱해져 있어!

예제 10의 인수를 구해 보자.

어떤 정수들을 곱해야 늘 10을 얻을 수 있을지 한번 생각해 봐.
1 x 10 = 10, 2 x 5 = 10

따라서 1, 2, 5, 10이 바로 10의 인수야.

> 5x2도 10이지만 2와 5가 이미 인수인 걸 아니까
> 5x2는 굳이 생각할 필요가 없겠지?

예제 아린이는 학교 동아리 모임을 준비하기 위해 의자 30개를 놓아야 해. 모든 줄에 똑같은 개수의 의자를 놓으려 한다면 배치할 수 있는 방법은 몇 가지일까?

*이 문제는 30의 인수를 찾는 문제와 똑같아.

의자 30개를 1줄로 배치하기 (30 x 1)
의자 15개씩 2줄로 나누어 배치하기 (15 x 2)
의자 10개씩 3줄로 나누어 배치하기 (10 x 3)
의자 6개씩 5줄로 나누어 배치하기 (6 x 5)
의자 5개씩 6줄로 나누어 배치하기 (5 x 6)
의자 3개씩 10줄로 나누어 배치하기 (3 x 10)
의자 2개씩 15줄로 나누어 배치하기 (2 x 15)
의자 1개씩 30줄로 나누어 배치하기 (1 x 30)

따라서 30의 인수는 1, 2, 3, 5, 6, 10, 15, 30이고, 의자를 놓는 방법은 8가지야.

지금부터 인수를 좀 더 쉽게 찾는 몇 가지 방법을 소개할게.

⭐ 끝자리가 짝수인 정수는 2로 나눌 수 있어.

> 예) 10, 92, 44, 26, 8은 끝자리가 짝수이므로 모두 2로 나눌 수 있어.

⭐ 각 자리 숫자의 합을 3으로 나눌 수 있는 수는 3으로 나눌 수 있어.

> 예) 4+2=6 이고, 6은 3으로 나눌 수 있으므로 42는 3으로 나눌 수 있어.

⭐ 끝자리가 0 또는 5인 정수는 5로 나눌 수 있어.

> 예) 10, 65, 2,320은 끝자리가 0 또는 5이므로 모두 5로 나눌 수 있어.

⭐ 각 자리 숫자의 합을 9로 나눌 수 있는 수는 9로 나눌 수 있어.

> 예) 2+9+7=18이고, 18은 9로 나눌 수 있으므로 297은 9로 나눌 수 있어.

⭐ 끝자리가 0인 정수는 10으로 나눌 수 있어.

> 예) 50, 110, 31,330은 끝자리가 0이므로 모두 10으로 나눌 수 있어.

소수

오직 1과 자기 자신만이 인수인 수를 **소수**라고 해.
예를 들어 2, 3, 7, 13 등이 바로 소수야.

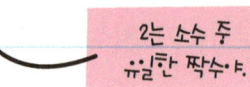
2는 소수 중 유일한 짝수야.

지금까지 설명한 인수는 **약수**라고도 불러. 아주 작은 차이가 있지만 같다고 생각해도 돼. 지금부터는 인수 대신 약수라고 할게.

공약수

두 자연수의 공통인 약수를 **공약수**라고 해.

예제 12와 18의 공약수를 구해 보자.

12의 약수는 1, 2, 3, 4, 6, 12야.
그리고 18의 약수는 1, 2, 3, 6, 9, 18이야.

따라서 12와 18의 공통인 약수, 즉 공약수는
1, 2, 3, 6이야.

공약수 중 가장 큰 공약수를 **최대공약수**라고 해. 그러므로 12와 18의 최대공약수는 바로 6이지.

예제 4와 10의 최대공약수는 얼마일까?

4의 약수는 1, 2, 4이고, 10의 약수는 1, 2, 5, 10이야.

따라서 4와 10의 최대공약수는 2야.

예제 18과 72의 최대공약수는 얼마일까?

18의 약수는 1, 2, 3, 6, 9, 18이고,
72의 약수는 1, 2, 3, 4, 6, 8, 9, 12, 18, 24, 36, 72야.

따라서 18과 72의 최대공약수는 18이야.

퀴즈

1. 12의 약수를 구해 보자.

2. 60의 약수를 구해 보자.

3. 348은 2로 나눌 수 있을까?

4. 786은 3으로 나눌 수 있을까?

5. 936은 9로 나눌 수 있을까?

6. 3,645,211은 10으로 나눌 수 있을까?

7. 6과 20의 최대공약수는 얼마일까?

8. 33과 74의 최대공약수는 얼마일까?

9. 24와 96의 최대공약수는 얼마일까?

10. 단아에게 빨간색 펜 8개와 노란색 펜 20개가 있다. 단아는 펜을 여러 묶음으로 나누려고 하는데, 모든 묶음에 각각 같은 개수의 빨간색 펜과 노란색 펜이 있도록 나누려 한다. 물론 묶음으로 나눈 뒤 남는 펜은 없어야 한다. 단아는 최대 몇 개의 묶음을 만들 수 있을까?

정답

1. 1, 2, 3, 4, 6, 12

2. 1, 2, 3, 4, 5, 6, 10, 12, 15, 20, 30, 60

3. 348의 끝자리 수 8이 짝수이므로 2로 나눌 수 있다.

4. 7+8+6=21이고, 21은 3으로 나뉘므로 786은 3으로 나눌 수 있다.

5. 9+3+6=18이고, 18은 9로 나뉘므로 936은 9로 나눌 수 있다.

6. 끝자리 수가 0이 아니므로 10으로 나눌 수 없다.

7. 6과 20의 공약수는 1, 2이므로 최대공약수는 2이다.

8. 33과 74의 공약수는 1뿐이므로 최대공약수는 1이다.

9. 24와 96의 공약수는 1, 2, 3, 4, 6, 8, 12, 24이므로 최대공약수는 24이다.

10. 4묶음 (각 묶음에는 빨간색 펜 2개, 노란색 펜 5개가 있다.)

비법노트 **5**장

최소공배수

어떤 수와 양의 정수를 곱한 값을 그 수의 **배수**라고 해. 모든 수는 무수히 많은 배수를 가지고 있어.

예제   4의 배수를 구해 보자.

4 x 1 = 4
4 x 2 = 8
4 x 3 = 12
4 x 4 = 16 …
그리고… 아무튼 엄청 많아!

따라서 4의 배수는 4, 8, 12, 16, … 이야.

두 자연수의 공통인 배수를 **공배수**라고 해.

예제 2와 5의 공배수를 구해 보자.

2의 배수는 2, 4, 6, 8, 10, 12, 14, 16, 18, 20, … 이고,
5의 배수는 5, 10, 15, 20, … 이야.

20까지만 살펴봤을 때,
2와 5의 공배수는 바로 10과 20이야.

2와 5의 공배수 중 가장 작은 공배수는 얼마일까? 바로 10이야.
이처럼 가장 작은 공배수를 **최소공배수**라고 해.
두 정수의 최소공배수를 구하려면 첫 번째 공배수를 찾을 때까지
각 정수의 배수를 작은 값부터 차례대로 나열하면 돼.

예제 9와 11의 최소공배수는 얼마일까?

9의 배수는 9, 18, 27, 36, 45, 54, 63, 72, 81, 90,
99, 108, … 이고, 11의 배수는 11, 22, 33, 44, 55, 66,
77, 88, 99, 110, … 이야.
9와 11의 공배수 중 99가 가장 작아.

따라서 9와 11의 최소공배수는 99야.

두 수 중 큰 수의 배수를 이용하면 좀 더 쉽게 최소공배수를 구할 수 있어. 예를 들어 앞의 예제에서 9의 배수 대신 11의 배수를 작은 값부터 하나씩 나열하면서 9로 나눌 수 있는지 생각해 보는 거야. 9로 나눌 수 있는 첫 번째 수가 바로 9와 11의 최소공배수지.

> **예제** 수지는 6일에 한 번씩 동물 보호소에서 자원봉사를 하기로 했고, 예은이는 5일에 한 번씩 동물 보호소에서 자원봉사를 하기로 했어. 수지와 예은이가 같은 날 자원봉사자로 등록했다면 두 사람이 함께 일하는 첫 번째 날은 등록한 지 며칠째 되는 날일까?
>
> · 이 문제는 5와 6의 최소공배수를 구하는 문제와 똑같아.
>
> 수지가 일하는 날은 자원봉사자로 등록한 지 6일, 12일, 18일, 24일, 30일째 되는 날이야.
> 30이 5로 나눌 수 있는 첫 번째 수이므로 5와 6의 최소공배수는 30이겠지?
>
> 따라서 수지와 예은이가 함께 일하는 첫 번째 날은 자원봉사자로 등록한 지 30일째 되는 날이야.

1. 3의 배수를 작은 수부터 차례대로 다섯 개를 써 보자.

2. 12의 배수를 작은 수부터 차례대로 다섯 개를 써 보자.

3~7. 최소공배수를 구해 보자.

3. 5와 7의 최소공배수는 얼마일까?

4. 10과 11의 최소공배수는 얼마일까?

5. 4와 6의 최소공배수는 얼마일까?

6. 12와 15의 최소공배수는 얼마일까?

7. 18과 36의 최소공배수는 얼마일까?

8. 재영이는 3일에 한 번씩 체육관에 가고, 지영이는 4일에 한 번씩 체육관에 간다. 재영이와 지영이가 같은 날 체육관에 등록했다면, 두 사람이 체육관에서 함께 운동하는 첫 번째 날은 등록한 지 며칠째 되는 날일까?

9. 진아와 수정이는 서로 똑같은 개수의 동전을 가지고 있다. 진아와 수정이가 동전을 각각 6개, 8개씩 묶음으로 나누었을 때, 동전이 하나도 남지 않았다. 묶음으로 나누기 전 두 사람이 똑같이 가지고 있는 동전의 개수로 가능한 가장 작은 값은 얼마일까?

10. A 마트에서는 달콤제과의 초콜릿을 7일마다 납품받고, 새콤제과의 아이스크림을 3일마다 납품받는다. A 마트는 식품을 납품받는 날엔 재고 정리를 위해 납품한 회사의 식품을 할인해서 판다고 한다. 재윤이는 오늘 A 마트에서 달콤제과의 초콜릿과 새콤제과의 아이스크림을 할인된 가격에 샀다. 재윤이가 A 마트에서 두 제과 업체의 초콜릿과 아이스크림을 모두 싸게 사려면 최소한 며칠 후에 가야 할까?

정답

1. 3, 6, 9, 12, 15

2. 12, 24, 36, 48, 60

3. 5의 배수는 5, 10, 15, 20, 25, 30, 35,…이고, 7의 배수는 7, 14, 21, 28, 35,…이므로 최소공배수는 35이다.

4. 10의 배수는 10, 20, 30, 40, 50, 60, 70, 80, 90, 100, 110,… 이고, 11의 배수는 11, 22, 33, 44, 55, 66, 77, 88, 99, 110,… 이므로 최소공배수는 110이다.

5. 4의 배수는 4, 8, 12, 16,…이고, 6의 배수는 6, 12, 18,…이므로 최소공배수는 12이다.

6. 12의 배수는 12, 24, 36, 48, 60,…이고, 15의 배수는 15, 30, 45, 60,…이므로 최소공배수는 60이다.

7. 18의 배수는 18, 36, 54,…이고, 36의 배수는 36, 72,…이므로 최소공배수는 36이다.

8. 재영이가 체육관 가는 날은 3, 6, 9, 12, 15,…이고, 지영이가 체육관 가는 날은 4, 8, 12, 16, 20,…이다. 따라서 두 사람이 함께 운동하는 첫 번째 날은 등록한 지 12일째 되는 날이다.

9. 진아의 동전 묶음은 6, 12, 18, 24,…이고, 수정이의 동전 묶음은 8, 16, 24,…이다. 따라서 두 사람이 똑같이 가지고 있는 동전 개수로 가능한 가장 작은 값은 24개이다.

10. 초콜릿 납품일은 7, 14, 21, 28,…이고, 아이스크림 납품일은 3, 6, 9, 12, 15, 18, 21,…이다. 따라서 21일 후에 마트에 가면 초콜릿과 아이스크림을 싸게 살 수 있다.

비법노트 **6**장

분수의 덧셈과 뺄셈

분수의 기초

전체에서 부분이 차지하는 크기가 얼마인지 나타내는 실수를 <mark>분수</mark>라고 해.

$$\frac{분자}{분모}$$

분수는 부분의 크기를 나타내는 <mark>분자</mark>와 전체의 크기를 나타내는 <mark>분모</mark>, 그리고 분자와 분모를 구분하는 가로선으로 구성돼 있어.

예를 들어 피자 한 판을 6조각으로 자른 후 너와 친구들이 5조각을 먹었다고 생각해 봐. 전체 6조각 가운데 5조각을 먹은 상황이야. 이것을 분수로 설명하면 너희들은 피자의 $\frac{5}{6}$를 먹은 거야.

이번엔 피자 한 판을 8조각으로 자른 후 3명이 각각 피자 2조각씩 먹었다고 생각해 봐. 그럼 피자는 2조각이 남아. 이렇게 남은 피자 2조각을 나머지라고 해.

> **나머지**
> 나눗셈을 한 후 남은 부분, 남은 양 또는 남은 수

분수는 세 가지 종류로 나눌 수 있어.

1. **진분수** : 분자가 분모보다 작은 분수

    예 → $\frac{5}{6}$, $\frac{2}{3}$, $\frac{1}{1,000}$, $\frac{4}{27}$

2. **가분수** : 분자가 분모와 같거나 분모보다 큰 분수

    예 → $\frac{10}{3}$, $\frac{8}{8}$, $\frac{25}{5}$

3. **대분수** : 자연수와 진분수의 합으로 나타낸 분수

    예 → $2\frac{2}{3}$, $18\frac{1}{8}$, $9\frac{5}{7}$

대분수를 가분수로, 가분수를 대분수로 바꾸기

대분수를 가분수로 바꾸려면 곱하고, 더하면 돼.

> **예** 대분수 $3\frac{1}{5}$을 가분수로 바꾸려면 3과 분모 5를 곱하고 ($3 \times 5 = 15$), 15에 분자 1을 더한 값($15 + 1 = 16$)을 내 분자로 쓰면 돼.
>
> $$3\frac{1}{5}$$
> (더하기 ↗, 곱하기 ↘)

따라서 가분수로 바꾸면 $\frac{16}{5}$이야.

가분수를 대분수로 바꾸려면 나눠야 해. 즉, 이런 질문을 던지면 돼.
'분자를 분모로 나누면 몫과 나머지가 각각 얼마일까?'

> **예** 가분수 $\frac{23}{8}$을 대분수로 바꾸려면 분자 23을 분모 8로 나누면 돼. $23 \div 8 = 2 \cdots 7$이야.
>
> ('…'은 나머지를 의미해.)

따라서 대분수로 바꾸면 $2\frac{7}{8}$이야.

> 초등학생 때까지는 정답이 가분수일 때 대분수로 바꿔 써야 해. 대분수가 분수의 크기를 어림하기 쉽기 때문이야. 하지만 중학생이 되면 정답이 가분수일 때, 대분수로 바꾸지 말고 그대로 두면 돼.

약분

분자와 분모를 0이 아닌 같은 수로 나눠도 분수의 크기는 변하지 않아. 따라서 분자와 분모 사이에 2 이상의 공약수가 존재한다면, 분자와 분모를 최대공약수로 각각 나누어 분수를 좀 더 간단하게 만들 수 있어. 이 과정을 **약분**이라고 해.

예 ▶ $\frac{6}{10}$에서 6과 10의 최대공약수는 2니까 $\frac{6}{10}$을 약분하면 $\frac{3}{5}$이야.

$$\frac{6}{10} = \frac{6 \div 2}{10 \div 2} = \frac{3}{5}$$

예 ▶ $\frac{20}{8}$에서 8과 20의 최대공약수는 4니까 $\frac{20}{8}$을 약분하면 $\frac{5}{2}$야.

$$\frac{20}{8} = \frac{20 \div 4}{8 \div 4} = \frac{5}{2} = 2\frac{1}{2}$$

> 대부분 약분한 분수를 답으로 인정하니까 약분하는 습관을 기르도록 해!

분수의 덧셈

분수를 더하려면 반드시 분모가 서로 같아야 해.

예 ▶ $\frac{1}{5} + \frac{3}{5} = \frac{4}{5}$

분수를 더할 때, 분모는 서로 같게 둔 채 분자끼리만 더하면 돼.

예를 들어 토코바 2개가 있고, 각각을 5조각으로 잘랐다고 생각해 봐. 첫 번째 토코바 1조각을 떼어서 남동생에게 주고, 두 번째 토코바 2조각을 떼어서 여동생에게 주었다면 토코바 1개에서 두 동생에게 준 양은 얼마나 될까?

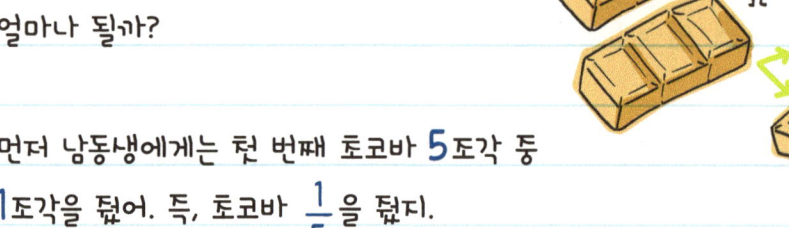

먼저 남동생에게는 첫 번째 토코바 5조각 중 1조각을 떼어. 즉, 토코바 $\frac{1}{5}$ 을 떼지.

다음으로 여동생에게는 두 번째 토코바 5조각 중 2조각을 떼어. 즉, 토코바 $\frac{2}{5}$ 를 준 거야.

$\frac{1}{5}$ 과 $\frac{2}{5}$ 를 더하면 $\frac{3}{5}$ 이야. ($\frac{1}{5} + \frac{2}{5} = \frac{3}{5}$)

두 토코바는 서로 크기가 같고 각각 같은 개수의 조각으로 나눴기 때문에, 분모 5는 그대로 둔 채 분자끼리만 더해서 $\frac{3}{5}$ 을 구할 수 있는 거야.

> **리듬을 넣어 기억해 보자.**
> 분수 더할 때 / 분모 같게 해!
> 분자 더하고 / 값은 약분해!

분수의 뺄셈

분수의 뺄셈도 덧셈과 똑같아. 분수에서 분수를 빼려면 반드시 분모가 서로 같아야 해. 분모는 그대로 둔 채 분자끼리만 빼면 돼.

예 $\frac{8}{9} - \frac{7}{9} = \frac{1}{9}$

분모가 서로 다른 분수의 덧셈과 뺄셈

분모가 서로 다른 분수를 더하거나 빼려면 어떻게 해야 할까? 분모를 서로 같게 만들기만 하면 돼. 두 분모를 곱한 값이나 최소공배수를 공통분모로 할 수 있어. 이 중 최소공배수가 계산하기 좀 더 편리하니까 최소공배수를 이용하는 방법을 소개하도록 할게.

분모가 다른 두 분수를 더하거나 빼는 방법

1. 두 분모의 **최소공배수**를 찾아.

예 $\frac{2}{5} + \frac{1}{4}$

5와 4의 최소공배수는 20이야.

2. 분모에 적당한 수를 곱해 최소공배수로 바꾸고, 분자에도 똑같은 수를 곱해. 두 분수의 분모를 같게 만드는 걸 **통분**이라고 해.

$$\frac{2 \cdot 4}{5 \cdot 4} = \frac{8}{20}$$

← 5에 얼마를 곱해야 최소공배수인 20이 될까? 바로 4야. 분모와 분자에 똑같이 4를 곱해야 해.

$$\frac{1 \cdot 5}{4 \cdot 5} = \frac{5}{20}$$

← 4에 얼마를 곱해야 최소공배수인 20이 될까? 바로 5야. 분모와 분자에 똑같이 5를 곱해야 해.

3. 이제 더하면 돼. 약분할 수 있다면 잊지 말고 꼭 약분하도록 해.

$$\frac{2}{5} + \frac{1}{4} = \frac{8}{20} + \frac{5}{20} = \frac{13}{20}$$

예제 $\frac{4}{7} - \frac{1}{3}$

7과 3의 최소공배수는 21이야.

$$\frac{4 \times 3}{7 \times 3} = \frac{12}{21}, \quad \frac{1 \times 7}{3 \times 7} = \frac{7}{21}$$

$$\frac{4}{7} - \frac{1}{3} = \frac{12}{21} - \frac{7}{21} = \frac{5}{21}$$

1~10. 값을 구해 보자. 가능하면 약분한다.

1. $\dfrac{1}{8} + \dfrac{2}{8}$

2. $\dfrac{7}{11} - \dfrac{4}{11}$

3. $\dfrac{3}{5} + \dfrac{3}{5}$

4. $\dfrac{9}{10} - \dfrac{4}{10}$

5. $\dfrac{13}{15} - \dfrac{4}{15}$

6. $\dfrac{3}{5} - \dfrac{1}{2}$

7. $\dfrac{4}{5} - \dfrac{1}{10}$

8. $\dfrac{8}{9} - \dfrac{3}{6}$

9. $\dfrac{1}{2} - \dfrac{3}{8}$

10. $\dfrac{5}{6} - \dfrac{3}{8}$

정답

1. $\dfrac{1}{8} + \dfrac{2}{8} = \dfrac{3}{8}$

2. $\dfrac{7}{11} - \dfrac{4}{11} = \dfrac{3}{11}$

3. $\dfrac{3}{5} + \dfrac{3}{5} = \dfrac{6}{5} = 1\dfrac{1}{5}$

4. $\dfrac{9}{10} - \dfrac{4}{10} = \dfrac{5}{10} = \dfrac{1}{2}$

5. $\dfrac{13}{15} - \dfrac{4}{15} = \dfrac{9}{15} = \dfrac{3}{5}$

6. $\dfrac{3}{5} - \dfrac{1}{2} = \dfrac{6}{10} - \dfrac{5}{10} = \dfrac{1}{10}$

7. $\dfrac{4}{5} - \dfrac{1}{10} = \dfrac{8}{10} - \dfrac{1}{10} = \dfrac{7}{10}$

8. $\dfrac{8}{9} - \dfrac{3}{6} = \dfrac{16}{18} - \dfrac{9}{18} = \dfrac{7}{18}$

9. $\dfrac{1}{2} - \dfrac{3}{8} = \dfrac{4}{8} - \dfrac{3}{8} = \dfrac{1}{8}$

10. $\dfrac{5}{6} - \dfrac{3}{8} = \dfrac{20}{24} - \dfrac{9}{24} = \dfrac{11}{24}$

비법노트 **7**장

분수의 곱셈과 나눗셈

분수의 곱셈

분수의 곱셈은 덧셈과 뺄셈과는 달리 분모가 서로 같을 필요가 없어. 분모는 분모끼리 곱하고, 분자는 분자끼리 곱하면 돼. 물론 필요하다면 약분도 해야겠지? 분수의 곱셈은 이게 다야!

예 ▶ $\dfrac{3}{5} \times \dfrac{4}{7} = \dfrac{12}{35}$

분수를 곱할 때, 두 분수의 분모와 분자 사이에 **2** 이상의 공약수가 있는 경우가 있어. 이럴 때는 한 분수에서 약분하는 것처럼 똑같이 약분하면 돼. 곱셈을 하기 전에 미리 약분을 하면 좀 더 빨리 답을 구할 수 있어.

예 ▶ $\dfrac{1}{\cancel{4}_1} \cdot \dfrac{\cancel{8}^2}{9}$ ← **4**와 **8**의 최대공약수는 **4**야. 곱하기 전에 **4**로 약분을 해.

$\dfrac{1}{1} \cdot \dfrac{2}{9} = \dfrac{2}{9}$

예제 요리책에 토코우유 $\frac{4}{5}$컵을 넣으라고 되어 있는데 이 분량의 반만 넣으려 한다면 토코우유는 얼마만큼 넣으면 될까?

$$\frac{\cancel{4}^{2}}{5} \cdot \frac{1}{\cancel{2}_{1}} = \frac{2}{5}$$

분수의 나눗셈

분수의 나눗셈은 다음 **3**단계를 따라해 봐.

1. 역수를 만들기 위해 두 번째 분수의 분자와 분모의 위치를 바꿔.

2. 나눗셈 기호를 곱셈으로 바꿔.

3. 이제 곱해!

어떤 수의 **역수**란 그 수와 곱했을 때 1이 나오게 하는 수를 말해. 다시 말해, 어떤 수든지 자기 자신과 역수를 곱한 값은 1이야.

$$\frac{8}{1} \times \frac{1}{8} = 1$$

$$\frac{2}{3} \times \frac{3}{2} = 1$$

분자와 분모의 위치만 서로 바꾸면 역수가 돼.

예 $\dfrac{3}{5} \div \dfrac{8}{9} = \dfrac{3}{5} \cdot \dfrac{9}{8} = \dfrac{27}{40}$

대분수를 서로 곱하거나 나눌 때, 반드시 먼저 가분수로 바꾸고 계산해야 해. 잊지 마!

예 $2\dfrac{1}{3} \div 1\dfrac{1}{4}$

$= \dfrac{7}{3} \div \dfrac{5}{4} = \dfrac{7}{3} \times \dfrac{4}{5} = \dfrac{28}{15} = 1\dfrac{13}{15}$

1~3. 값을 구해 보자. 가능하면 약분한다.

1. $\dfrac{3}{4} \cdot \dfrac{1}{2}$

2. $\dfrac{7}{10} \cdot 1\dfrac{1}{3}$

3. $\dfrac{4}{5} \cdot \dfrac{1}{8}$

4. 기계식 펌프를 이용하면 한 시간마다 물 $4\dfrac{1}{2}$ L를 얻을 수 있다. 기계식 펌프를 $2\dfrac{2}{3}$ 시간 동안 사용하면 물 몇 L를 얻을 수 있을까?

5. 영미는 1분에 $\dfrac{4}{5}$ km를 달릴 수 있다. $6\dfrac{1}{8}$ 분 동안 달린다면 영미는 몇 km를 달릴 수 있을까?

6~8. 값을 구해 보자. 가능하면 약분한다.

6. $\dfrac{5}{7} \div \dfrac{1}{2}$

7. $\dfrac{7}{8} \div \dfrac{2}{9}$

8. $9\dfrac{1}{2} \div 3\dfrac{1}{5}$

9. 작은 봉지에는 설탕 $\frac{3}{4}$ kg을 담을 수 있고, 큰 봉지에는 설탕 $5\frac{1}{2}$ kg을 담을 수 있다. 큰 봉지에 설탕을 가득 채우려면 설탕이 가득 든 작은 봉지가 몇 개 필요할까?

10. 세 사람이 초코우유 $\frac{4}{5}$ L를 나누어 마신다면, 한 사람이 초코우유를 각각 몇 L씩 마실 수 있을까?

정답

1. $\dfrac{3}{4} \cdot \dfrac{1}{2} = \dfrac{3}{8}$

2. $\dfrac{7}{10} \cdot 1\dfrac{1}{3} = \dfrac{14}{15}$

3. $\dfrac{4}{5} \cdot \dfrac{1}{8} = \dfrac{1}{10}$

4. $4\dfrac{1}{2} \cdot 2\dfrac{2}{3} = 12$ → 12L의 물을 얻을 수 있다.

5. $\dfrac{4}{5} \cdot 6\dfrac{1}{8} = 4\dfrac{9}{10}$ → $4\dfrac{9}{10}$km를 달릴 수 있다.

6. $\dfrac{5}{7} \div \dfrac{1}{2} = 1\dfrac{3}{7}$

7. $\dfrac{7}{8} \div \dfrac{2}{9} = 3\dfrac{15}{16}$

8. $9\dfrac{1}{2} \div 3\dfrac{1}{5} = 2\dfrac{31}{32}$

9. $5\dfrac{1}{2} \div \dfrac{3}{4} = 7\dfrac{1}{3}$ → $7\dfrac{1}{3}$봉지가 필요하다.

10. $\dfrac{4}{5} \div \dfrac{3}{1} = \dfrac{4}{15}$ → $\dfrac{4}{15}$L가 필요하다.

비법노트 **8**장

#
덧셈과 뺄셈

소수끼리 더하거나 뺄 때는 일단 소수점을 기준으로 두 소수를 정렬해야 해. 즉, 소수점을 기준으로 왼쪽에 있는 숫자는 왼쪽에 있는 숫자끼리, 오른쪽에 있는 숫자는 오른쪽에 있는 숫자끼리 놓는 거지. 덧셈인 경우 정수의 덧셈처럼 위아래의 소수를 서로 더한 뒤 소수점을 같은 자리에 쓰면 돼.

예제 6.45와 23.34를 더하면 얼마일까?

소수점을 기준으로 두 수를 위아래로 맞춘 후 서로 더해 봐.

```
  6.45
+23.34
------
 29.79
```

소수와 정수를 더하는 문제를 봐도 당황하지 마. 정수 오른쪽 끝에 소수점을 찍고, 생략돼서 보이지 않는 소수 부분을 쓴 다음에 더하면 돼.

예제 5와 3.55를 더하면 얼마일까?

```
  3.55
 +5.00   ← 5는 5.00과 같아.
 ─────
  8.55
```

소수의 뺄셈도 덧셈과 마찬가지로 소수점을 기준으로 왼쪽과 오른쪽을 서로 정렬해서 뺄셈을 하고 소수점은 똑같은 자리로 내려쓰면 돼.

예제 14.52에서 2.4를 빼면 얼마일까?

```
  14.52
 − 2.40   ← 2.4는 2.40과 같아.
 ──────
  12.12
```

1. 5.89 + 9.23

2. 18.1876 + 4.3215

3. 6 + 84.32

4. 1,234.56 + 8,453.234

5. 8.573 + 2.2 + 17.01

6. 67.85 - 25.15

7. 100 - 6.781

8. 99.09 - 98.29

9. 14,327.81 - 2.6382

10. 하람이는 어제 양파 1,200g을 사 와서 세 가지 요리를 하는 데 각각 54.67g, 13.49g, 8.14g을 사용했다. 요리를 다 하고 남은 양파의 양은 몇 g일까?

정답

1. 5.89 + 9.23 = 15.12

2. 18.1876 + 4.3215 = 22.5091

3. 6 + 84.32 = 90.32

4. 1,234.56 + 8,453.234 = 9,687.794

5. 8.573 + 2.2 + 17.01 = 27.783

6. 67.85 - 25.15 = 42.7

7. 100 - 6.781 = 93.219

8. 99.09 - 98.29 = 0.8

9. 14,327.81 - 2.6382 = 14,325.1718

10. 사용한 양파 = 76.3 남은 양파 = 1,123.7
    요리를 다 하고 1,123.7g이 남았다.

비법노트 **9**장

소수의 곱셈

노수끼리 서로 곱할 때는 노수점을 맞출 필요가 없어. 다 곱한 다음에 노수점의 위치만 신경 쓰면 돼.

두 소수를 곱하는 방법

1. 정수라 생각하고 두 수를 곱해.

> 정수라 생각하고 서로 곱한 두 소수

2. 앞에서 곱한 값에 두 노수의 노수점 아래 자릿수의 합만큼 노수점을 옮겨 찍어. 즉, 두 노수의 곱셈에서 곱의 노수점의 위치는 두 노수의 노수점 아래 자릿수의 합과 같아.

예 4.24 × 2.1

```
   4.24
  ×2.1
  ─────
   424
  848
  ─────
  8904
```

> 소수점을 기준으로 맞춰서 쓸 필요 없어!

4.24와 2.1의 소수점 아래 자릿수의 합은 3이야.

따라서 정답은 8.904야.

예제 광수는 1분에 1.2km를 달릴 수 있어. 이 속도로 5.8분 동안 뛴다면 광수가 달린 거리는 몇 km일까?

```
    1.2
   ×5.8
   ─────
    96
   60
   ─────
   696
```

1.2와 5.8의 소수점 아래 자릿수의 합은 2야.

따라서 정답은 6.96km야.

> 소수점 아래 자릿수를 셀 때, 맨 끝에 있는 0까지 세면 안 돼.
>
> 0.30 ← 세지 말 것!
> 0.30 = 0.3 (소수점 아래 한 자릿수야.)

68

1. 5.6 × 6.41

2. (3.55)(4.82)

3. 0.350 · 0.40

4. (9.8710)(3.44)

5. (1.003)(2.4)

6. 310 × 0.0002

7. 0.003 × 0.015

8. 3.4 × 0.2 × 2.3

9. 1cm가 실제로 3.2m를 나타내는 지도가 있다면, 지도에서 5.04cm는 실제로 몇 m일까?

10. 소리는 공기 중에서 1초 동안 0.34km를 이동한다고 한다. 번개를 보고 나서 8.5초 후에 천둥 소리를 들었다면, 소리를 들은 곳은 번개 친 곳에서 몇 km나 떨어져 있을까?

정답

1. 35.896

2. 17.111

3. 0.14

4. 33.95624

5. 2.4072

6. 0.062

7. 0.000045

8. 1.564

9. 실제 거리는 16.128 m이다.

10. 2.89 km 떨어져 있다.

비법노트 **10**장

나눗셈

소수끼리 나눗셈을 할 때는 **피제수**(나누어지는 수)와 **제수**(나누는 수)를 정수로 만든 후 나누면 돼. 피제수와 제수를 동시에 정수로 만드는 **10**의 거듭제곱을 똑같이 곱하면 두 수가 정수가 되는 거야. 피제수와 제수가 똑같은 비율로 증가했기 때문에 나눗셈의 결과는 달라지지 않아.

> 10, 100, 1000처럼 10을 한 번 이상 반복해서 곱한 수야.

예 2.5 ÷ 0.05 = (2.5 × 100) ÷ (0.05 × 100)
            = 250 ÷ 5 = 50

피제수는 나누어지는 수, **제수**는 나누는 수, **몫**은 나눗셈의 결과야.

$$\frac{피제수}{제수} = 몫 \quad \text{또는} \quad 피제수 ÷ 제수 = 몫$$

$$\text{또는} \quad 제수 \overline{\smash{)}\,피제수}^{\,몫}$$

앞의 예에서는 두 소수를 모두 정수로 만들기 위해 각각 100을 곱해서 소수점을 오른쪽으로 두 칸씩 옮겼어. 소수에 10을 곱할 때마다 소수점은 오른쪽으로 한 칸씩 옮겨 가거든.

예제 자동차가 2.7시간 동안 총 167.4km를 갔다면, 이 차는 1시간 동안 몇 km를 갔을까?

$$\frac{167.4}{2.7} = \frac{167.4 \times 10}{2.7 \times 10} = \frac{1,674}{27} = 62 \text{km}$$

이젠 다음과 같은 소수의 나눗셈을 보고 겁먹을 필요 없어.

$$2.7 \overline{)167.4}$$

방법은 똑같아. 두 소수가 정수가 되도록 10을 곱한 후, 정수의 나눗셈을 하면 돼.

$$2.7 \overline{)167.4} = 27 \overline{)1{,}674}^{\,62}$$

×10   ×10

1. 7.5 ÷ 2.5

2. 18.4 ÷ 4.6

3. 102.84 ÷ 0.2

4. 1,250 ÷ 0.05

5. $\dfrac{3.98}{0.4}$

6. $\dfrac{0.27}{0.4}$

7. $\dfrac{1.5}{3.75}$

8. $\dfrac{1.054}{0.02}$

9. 기계식 펌프를 3.2분 동안 사용하면 지하수 8.4 L를 얻을 수 있다. 기계식 펌프를 1분 동안 사용한다면 지하수를 몇 L 얻을 수 있을까?

10. 철수는 수영장에서 25 m 레인을 2.85시간 동안 45.6번 왕복했다. 철수는 1시간 동안 레인을 평균 몇 번 왕복했을까?

정답

1. 3

2. 4

3. 514.2

4. 25,000

5. 9.95

6. 0.675

7. 0.4

8. 52.7

9. 지하수 2.625L를 얻을 수 있다.

10. 1시간에 평균 16번을 왕복했다.

비법노트 **11**장

정수의 덧셈

수직선이나 절댓값을 활용해서 정수의 덧셈을 할 수 있어.

방법 1 : 수직선을 활용

일단 수직선을 그려. 그리고 0부터 이동을 시작해.

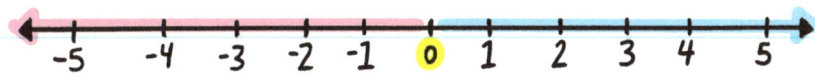

음수(-) 는 왼쪽으로 이동하면 돼.

양수(+) 는 오른쪽으로 이동하면 돼.

모든 이동이 끝난 뒤 수직선 위에 있는 마지막 지점이 바로 덧셈의 결과야.

> **예**   −5 + 4

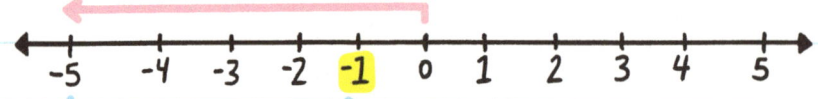

0부터 시작해 볼까? −5는 음수니까 왼쪽으로 다섯 칸 이동해야 해. 4는 양수니까 오른쪽으로 네 칸 이동해야 해. 끝난 지점이 어디야?

−1이지? 정답이야!

> **예**   −1 + (−2)

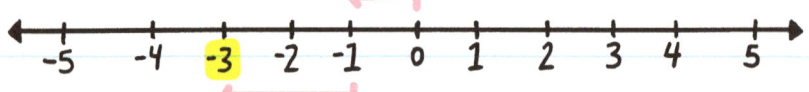

0부터 시작해 볼까? −1이 음수니까 왼쪽으로 한 칸 이동해야 해. 그리고 왼쪽으로 두 칸 더 이동하면 돼. 끝난 지점이 어디야?

−3이지? 정답이야!

> 어떤 수와 그 수의 반수를 더한 값은 언제나 0이야. 4+(−4)=0 인 것처럼 말이야. 이렇게 생각해 봐. 앞으로 네 걸음 걸어갔다가 다시 뒤로 네 걸음 걸어왔다면, 처음 출발한 위치로 돌아온 거니까 결과적으로 안 움직인 것과 같아!

방법 2 : 절댓값을 활용

큰 수를 더해야 한다면 번거롭게 수직선을 이용하고 싶지는 않을 거야. 이럴 때에는 부호를 확인한 후 다음 두 가지 방법 중에서 하나를 선택하면 돼.

1. 부호가 서로 같은 두 수를 더할 때는 수의 절댓값만큼 수직선 위에서 같은 방향으로 이동해. 따라서 두 수의 절댓값을 더한 후 원래 부호를 붙이면 덧셈 결괏값을 얻을 수 있어.

예 ▶ $-1+(-2)$

-1과 -2 모두 음수이므로 부호가 서로 같아. 따라서 두 수의 절댓값을 더한 후 원래 부호인 $-$를 앞에 붙이면 돼.

정답은 -3이야.

2. 부호가 서로 다른 두 수를 더할 때는 먼저 두 수의 절댓값의 차를 구해. 두 수의 절댓값 중 어느 것이 더 커? 절댓값의 차에 절댓값이 큰 수의 원래 부호를 붙이면 정답이 돼!

'리리 릿자로 끝나는 말은' 이라는 노래 알아? 두 방법을 기억하기 쉽게 이 노래에 맞춰 불러 보자. '정수, 덧셈은, 절댓값끼리~ (원래 부호가) 같으면, 더하고, (원래 부호가) 다르면, 빼고, (절댓값이) 큰 수 부호 붙여!'

> **예제** $-10 + 4$

-10과 4는 부호가 서로 다르니까 두 수의 절댓값의 차를 구해야 해.
$|-10| - |4| = 10 - 4 = 6$
-10의 절댓값이 더 크니까 -10의 부호를 붙여야 해.

따라서 정답은 -6이야.

> **예제** $-35 + 100$

두 수의 부호가 다르니까 절댓값의 차를 구해야 해.
$|100| - |-35| = 65$
절댓값이 큰 100의 부호를 붙이면 돼.

따라서 정답은 65야.

> **예제** 일기 예보를 보니 오늘 아침 기온은 영하 8도(-8)이고, 정오가 되면 아침보다 22도 더 올라간대($+22$). 그럼 오늘 이 지역의 정오 기온은 몇 도일까? 정수의 덧셈으로 풀어 보자.

$-8 + 22 = 14$

정오엔 기온이 14도일 거야.

1. -8 + 8

2. -22 + (-1)

3. -14 + 19

4. 28 + (-13)

5. -12 + 3 + (-8)

6. -54 + (-113)

7. -546 + 233

8. 1,256 + (-4,450)

9. 어젯밤 자정에 기온을 재니 0도였고, 오늘 아침 다시 기온을 재니 20도가 떨어졌다. 해가 뜨자 기온이 3도 올랐다면 해가 떴을 때 기온은 몇 도일까?

10. 민수는 친구 영호에게 25,000원을 빌렸다. 이 중 17,000원을 갚았다면 남은 빚은 얼마일까?

정답

1. 0

2. −23

3. 5

4. 15

5. −17

6. −167

7. −313

8. −3,194

9. −17도

10. 남은 빚은 8,000원이다. (−8,000원)

비법노트 **12**장

정수의 뺄셈

이번에는 정수의 뺄셈을 공부할 거야. 덧셈과 뺄셈이 서로 반대되는 개념이라는 건 당연히 잘 알고 있겠지? 이 사실을 이용하면 뺄셈을 쉽게 할 수 있어. 바로 반수를 이용해 뺄셈을 덧셈으로 바꿔서 풀면 돼.

예제 $5 - 4$

4의 반수는 -4야. 그러므로 $5 - 4 = 5 + (-4)$처럼 뺄셈을 반수와의 덧셈으로 바꿀 수 있어.

$5 + (-4) = 1$

예 7 − 10

10의 반수는 −10이야. → 7 − 10 = 7 + (−10)

7 + (−10) = −3

예 3 − (−1)

−1의 반수는 1이야. → 3 − (−1) = 3 + 1

3 + 1 = 4

예제 새는 바다 위 42 m 높이에서 날고 있고, 물고기는 바다 아래 12 m 깊이에서 헤엄치고 있어. 새와 물고기 사이의 거리는 얼마나 될까?

새가 날고 있는 높이는 42이고,
물고기가 헤엄치고 있는 높이는 −12야(깊이는 12).
둘 사이의 거리를 구하려면 뺄셈을 해야 해.
42 − (−12) = 42 + 12 = 54

새와 물고기는 서로 54 m 떨어져 있어.

예 −3 − 14 = −3 + (−14) = −17
예 −4 − (−9) + 8 = −4 + 9 + 8 = 13

1. 5 - (-3)

2. 16 - (-6)

3. -3 - 9

4. -8 - 31

5. -14 - (-6)

6. -100 - (-101)

7. 11 - 17

8. 84 - 183

9. -12 - (-2) + 10

10. 오후 2시에 기온을 재 보니 27도였는데, 새벽 2시에 기온을 다시 재 보니 영하 4도까지 떨어졌다. 오후 2시와 새벽 2시의 기온 차이는 몇 도일까?

정답

1. 8

2. 22

3. -12

4. -39

5. -8

6. 1

7. -6

8. -99

9. 0

10. 오후 2시와 오전 2시의 기온 차이는 31도이다.

비법노트 **13**장

정수의 곱셈과 나눗셈

수를 곱하거나 나눌 때는 **−**부호가 몇 개 있는지 세어 봐야 해.

> 음수의 개수가 **홀수**라면
>
> 계산 결과는 **음수**야.

$$(+) \times (-) = (-)$$
$$(-) \div (+) = (-)$$
$$(+) \times (+) \times (-) = (-)$$
$$(-) \div (-) \div (-) = (-)$$

−부호가 세 개 있지? 그러니까 계산 결과는 음수야!

음수의 개수가 짝수라면

계산 결과는 양수야.

-부호가 두 개 있지?
그러니까 계산
결과는 양수야!

$(-) \times (-) = (+)$
$(-) \div (-) = (+)$
$(-) \times (+) \times (-) = (+)$

결코 날 바꿀 수 없을 걸?   훗.   바꿨다!

예

$(-4)(-7) = 28$ (음수의 개수가 짝수)

$(-11) \times 4 = -44$ (음수의 개수가 홀수)

$\dfrac{-84}{-4} = 21$ (음수의 개수가 짝수)

$(-2) \times 2 \times (-2) = 8$ (음수의 개수가 짝수)

퀴즈

1. (-2)(-8)

2. 9•(-14)

3. (-20) x (-18)

4. 100 x (-12)

5. 조약돌 하나를 주워서 바다로 던졌을 때, 조약돌이 1초에 2cm씩 가라앉는다면 6초 후에 조약돌은 총 몇 cm 가라앉을까?

6. 66 ÷ (-3)

7. (-119) ÷ (-119)

8. $\dfrac{27}{-3}$

9. $\left(\dfrac{-9}{3}\right)$ ÷ (-1)

10. 상희는 지난 한 주 동안 사업에서 126,000원 손해를 봤다. 지난 7일 동안 매일 똑같이 손해를 봤다고 가정하면 하루에 얼마만큼 손해를 봤을까?

정답

1. 16

2. -126

3. 360

4. -1,200

5. 조약돌은 6초 후에 12 cm 가라앉는다. (또는 -12 cm)

6. -22

7. 1

8. -9

9. 3

10. 상희는 하루에 18,000원씩 손해를 봤다. (또는 -18,000원)

비법노트 **14**장

부등식

부등식은 다음 세 가지 기호 중 하나를 사용해서 크기를 비교하는 수식이야.

> $a < b$ a는 b보다 작다.
> $a > b$ a는 b보다 크다.
> $a \neq b$ a는 b와 같지 않다.

열린 쪽 > 닫힌 쪽
부등호를 사용해서 두 수의 크기를 비교할 때, 부등호는 두 수의 가운데에 써. 이때 부등호의 열린 쪽은 큰 수를 향하도록, 닫힌 쪽은 작은 수를 향하도록 써야 해.

수직선을 이용해서 두 수를 비교할 수도 있어. 수직선에서 왼쪽으로 가면 갈수록 수가 작아지고, 오른쪽으로 가면 갈수록 수가 커져. 어떤 수든 자신보다 오른쪽에 있는 수보다 작아.

"이 몸은 수학 몬스터다. 난 언제나 좀 더 큰 녀석을 먹고 싶다고!"

예제 −2와 4의 크기를 비교해 보자.

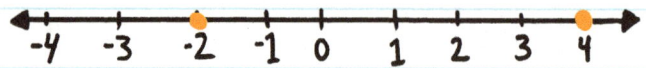

−2는 4의 왼쪽에 있으니까 4보다 작아.
즉, −2 < 4야.
순서를 바꿔서 4 > −2라고 쓸 수도 있지.

따라서 정답은 −2 < 4 또는 4 > −2야.

> 모든 음수는 0보다 작고,
> 모든 양수는 0과 모든 음수보다 크다는 걸 절대 잊지 마!

> 분수의 크기를 비교하려면
> 분모가 서로 다른 분수를 더하거나 뺄 때와 마찬가지로
> 먼저 분모를 같게 만들면 돼.

예제 $-\dfrac{1}{2}$과 $-\dfrac{1}{3}$의 크기를 비교해 보자.

2와 3의 최소공배수는 6이야.

$$-\dfrac{1 \cdot 3}{2 \cdot 3} = -\dfrac{3}{6}$$

$$-\dfrac{1 \cdot 2}{3 \cdot 2} = -\dfrac{2}{6}$$

이제 $-\dfrac{3}{6}$과 $-\dfrac{2}{6}$의 크기를 수직선을 이용해 비교해 봐.

$$\longleftarrow \underset{-1}{|} \quad \underset{-\frac{5}{6}}{|} \quad \underset{-\frac{4}{6}}{|} \quad \underset{-\frac{3}{6}}{\bullet} \quad \underset{-\frac{2}{6}}{\bullet} \quad \underset{-\frac{1}{6}}{|} \quad \underset{0}{|} \longrightarrow$$

$-\dfrac{3}{6} < -\dfrac{2}{6}$ 이니까 $-\dfrac{1}{2} < -\dfrac{1}{3}$ 이야.

세 가지 부등호 외에 우리가 알아야 할 두 가지 부등호가 더 있어.

$a \leq b$ a는 b보다 작거나 같다.
$a \geq b$ a는 b보다 크거나 같다.

예 $x \leq 3$이라면, x는 3보다 작은 수이거나 3을 나타내.

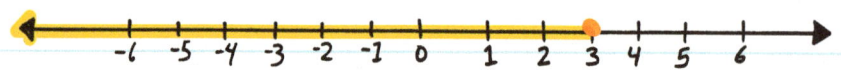

수직선 위에서 3과 3의 왼쪽에 있는 수는 이 부등식을 참으로 만들 수 있어. 3, 2, 1, 0, -1, … 등과 같은 수는 x가 될 수 있지. 그러나 4, 5, 6, … 등과 같은 수는 x가 될 수 없어.

예 $x \geq -\dfrac{1}{2}$

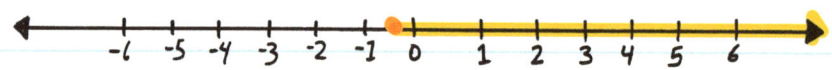

수직선 위에서 $-\dfrac{1}{2}$과 $-\dfrac{1}{2}$의 오른쪽에 있는 수는 이 부등식을 참으로 만들 수 있어. 다시 말해, 0, $\dfrac{1}{2}$, 1 등과 같은 수는 x가 될 수 있지. 그러나 -1, $-1\dfrac{1}{2}$ 등과 같은 수는 x가 될 수 없어.

퀴즈

1~6. 두 수의 크기를 비교해 보자.

1. -12와 8

2. -14와 -15

3. 0과 -8

4. 0.025와 0.026

5. $\dfrac{2}{5}$ 와 $\dfrac{4}{5}$

6. $-\dfrac{2}{3}$ 와 $-\dfrac{1}{2}$

7. $y \leq -4$ 일 때, y의 값이 될 수 있는 수 세 개를 써 보자.

8. $m \geq 0$ 일 때, m의 값이 될 수 없는 수 세 개를 써 보자.

9. 섭씨 -5도와 섭씨 -8도 중 어느 쪽이 더 따뜻한 걸까?

10. 수직선 위에 있는 임의의 수에 대해 그 수의 왼쪽에 있는 모든 수는 그 수의 오른쪽에 있는 어떤 수보다도 (   )

정답

1. −12 < 8 또는 8 > −12

2. −14 > −15 또는 −15 < −14

3. 0 > −8 또는 −8 < 0

4. 0.025 < 0.026 또는 0.026 > 0.025

5. $\frac{4}{5} > \frac{2}{5}$ 또는 $\frac{2}{5} < \frac{4}{5}$

6. $-\frac{1}{2} > -\frac{2}{3}$ 또는 $-\frac{2}{3} < -\frac{1}{2}$

7. −4, −5, −6 등과 같이 −4 또는 −4보다 작은 수는 모두 정답!

8. −1, −2, −3 등과 같이 0 또는 0보다 작은 수는 모두 정답!

9. 섭씨 −5도

10. 작다.

비와 비율

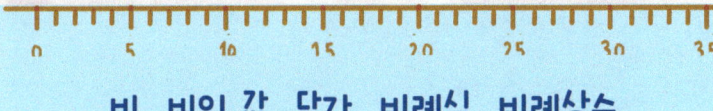

비, 비의 값, 단가, 비례식, 비례상수,
단위 변환, 백분율, %, 세금, 정가, 할인,
수수료, 이자, 백분율 변화율

비법노트 15장

△○◇▽□□○◇□△○◇□○△

비

비란 두 양을 비교하는 거야. 예를 들어 휴대전화가 없는 학생과 있는 학생의 수를 비교할 때 비를 낼 수 있지. 비는 여러 가지 방법으로 나타낼 수 있어.

3과 2의 비는 다음과 같이 낼 수 있어.

$3:2$ 또는 $\frac{3}{2}$ 또는 3 대 2

첫 번째 양을 a, 두 번째 양을 b라 하면 a와 b의 비는 다음과 같아.

$a:b$ 또는 $\frac{a}{b}$ 또는 a 대 b

분수도 비의 한 종류야!

예 학생 5명에게 휴대전화가 있는지 물었는데 그중 4명이 있다고 답했대. 이때 휴대전화가 없는 학생과 있는 학생의 비는 얼마일까?

$1 : 4$ 또는 $\frac{1}{4}$ 또는 1 대 4 ← 휴대전화가 있는 학생 네 명에 대해서 휴대전화가 없는 학생은 1명이 있다고 말할 수도 있어.

예 조사한 학생 전체에 대한 휴대전화를 가진 학생의 비는 얼마일까?

$4 : 5$ 또는 $\frac{4}{5}$ 또는 4 대 5

예제 보라는 작은 젤리 통을 열어 안에 든 젤리를 세어 봤어. 그 결과 젤리는 모두 10개 있는데, 그중 녹색 젤리와 노란색 젤리가 각각 2개, 4개라면, 녹색 젤리와 노란색 젤리의 비는 얼마일까? 또, 젤리 전체에 대한 녹색 젤리의 비는 얼마일까?

녹색 젤리와 노란색 젤리의 비를 분수로 쓰면 $\frac{2}{4}$야. 약분하면 $\frac{1}{2}$이지.

그러니까 노란색 젤리 2개마다 녹색 젤리는 1개씩 있는 셈이야.

젤리 전체에 대한 녹색 젤리의 비는 $\frac{2}{10}$야. 약분하면 $\frac{1}{5}$ 이지.

그러니까 젤리 통에는 젤리 5개마다 녹색 젤리가 1개씩 들어 있는 셈이야.

약분으로 분수를 간단히 하는 것처럼 비도 마찬가지로 간단히 할 수 있어!

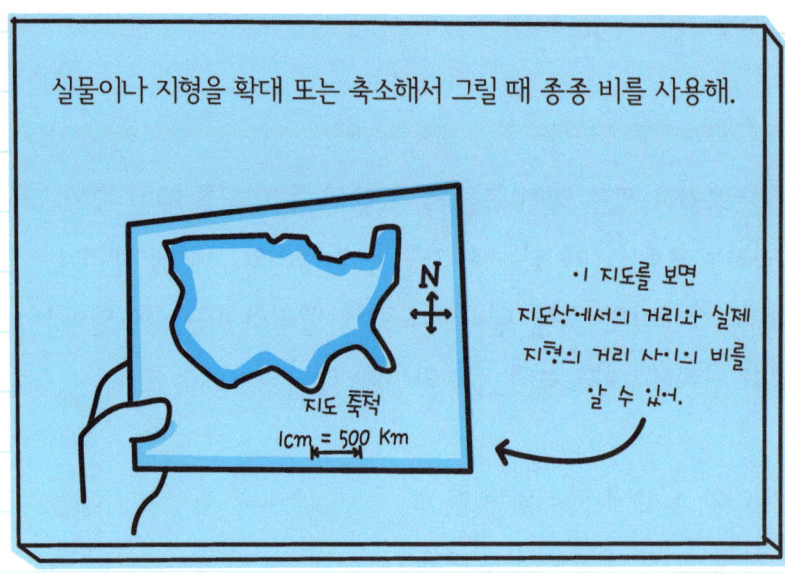

퀴즈

1~6. 주어진 비를 분수로 나타내 보자. 가능하면 약분한다.

1. 2 : 9
2. 42 : 52
3. 5대 30
4. 사과 100개에 대한 썩은 사과 22개의 비
5. 검은 차 16대와 빨간 차 2대의 비
6. 19 : 37

7~9. 주어진 상황에서의 비를 a : b와 같이 나타내 보자.

7. 27명 중 아파트에 살고 있는 사람은 14명이다.
8. 6학년에는 남학생 10명마다 여학생 8명이 있다.
9. 100가구 중 정확히 84가구는 컴퓨터를 가지고 있다.
10. 초롱이는 학교 준비물로 볼펜 8자루, 연필 12자루, 형광펜 4자루를 각각 구입했다. 초롱이의 학교 준비물에 대한 볼펜의 비는 얼마일까?

정답

1. $\dfrac{2}{9}$

2. $\dfrac{21}{26}$

3. $\dfrac{1}{6}$

4. $\dfrac{11}{50}$

5. $\dfrac{8}{1}$

6. $\dfrac{19}{37}$

7. 14 : 27

8. 4 : 5

9. 21 : 25

10. 1 : 3

비법노트 **16**장

비의 값과 단가

서로 다른 단위의 두 양에 대한 비를 특별히 **비율**이라고 해. 예를 들어 밀가루 3컵과 설탕 2숟갈의 비는 비율이야. 컵과 숟갈은 다른 단위니까.

비의 값은 분모가 1인 비율이야. 비의 값을 구하려면 두 양의 비율을 분수로 표현한 후 분자를 분모로 나누면 돼.

예제 휘발유 15L로 300km를 갈 수 있는 차가 있어. 이 차의 리터당 비의 값은 얼마일까?

나눈다는 의미!

$$300\text{km} : 15\text{L} = \frac{300\ \text{km}}{15\ \text{L}} = 20\text{km}/1\text{L}$$

비의 값은 리터당 20km야.

휘발유 1L로 20km를 갈 수 있다는 뜻이야.

> km/L처럼 '/'를 써서 비의 값을 나타내는 경우도 있어.
> 특히 단위 시간당 어떤 일을 한 양을 그 일의 속도라고 하는데,
> km/시 (시속 ~km), m/분 (분속 ~m), m/초 (초속 ~m) 등으로
> 나타내.

예제 어떤 수영선수는 $\frac{1}{3}$ 시간마다 $\frac{1}{2}$ km를 수영해서 갈 수 있대. 이 수영선수가 시속 몇 km로 수영해서 가는지 비의 값으로 표현해 보자.

쉽게 말해 1시간에 몇 km를 수영해서 갈 수 있는지 묻는 거야.

$$\frac{1}{2} km : \frac{1}{3} 시간 = \frac{\frac{1}{2}}{\frac{1}{3}} = \frac{1}{2} \times \frac{3}{1} = \frac{3}{2} = 1\frac{1}{2}$$

수영선수는 $1\frac{1}{2}$ km/시, 즉 1시간에 1.5km를 수영해서 갈 수 있어.

가격을 나타내는 비의 값을 **단가**라고 해. 단가를 계산할 때 가격은 분자에 놓아야 한다는 걸 꼭 기억하자!

예제 누지는 1,200원에 물 2병을 샀어. 물의 단가는 얼마일까?

$$1,200원 : 2병 \text{ 또는 } \frac{1,200}{2} = 600원/병$$

즉, 물의 단가는 1병당 600원이야.

1. 엄마는 5시간 동안 30km를 달린다. 시속 몇 km로 달리는 걸까?
2. 우리는 2분 동안 100m를 수영했다. 분속 몇 m로 수영하는 걸까?
3. 지영이는 12,640원에 리본 8개를 샀다. 리본의 단가는 얼마일까?
4. 펌프로 12분 동안 지하수 54L를 끌어올렸다. 분당 끌어올릴 수 있는 물의 양은 몇 L일까?
5. 축구공 122개의 금액은 2,135,000원이다. 축구공의 단가는 얼마일까?
6. 한 육상선수가 $\frac{1}{15}$시간 동안 $\frac{1}{2}$km를 전속력으로 달렸다. 시속 몇 km로 달리는 걸까?
7. 상민이는 4분 동안 그릇 26개를 씻었다. 분당 몇 개의 그릇을 씻는 걸까?
8. 민수는 휘발유 12L를 주유하고 14,880원을 지불했다. 휘발유의 단가는 얼마일까?
9. 수현이는 5분 동안에 팔굽혀펴기 240번을 했다. 분당 몇 개의 팔굽혀펴기를 하는 걸까?
10. 한 팀이 20분마다 구멍 12개를 팠다. 분당 몇 개의 구멍을 파는 걸까?

정답

1. 6km/시 또는 시속 6km로 달린다.

2. 50m/분 또는 분속 50m로 수영한다.

3. 리본 1개의 단가는 1,580원이다.

4. 분당 4.5L를 끌어올릴 수 있다.

5. 축구공 1개의 단가는 17,500원이다.

6. $7\frac{1}{2}$km/시 또는 시속 $7\frac{1}{2}$km로 달렸다.

7. 1분에 6.5개의 그릇을 씻었다.

8. 휘발유의 리터당 단가는 1,240원이다.

9. 분당 48번의 팔굽혀펴기를 했다.

10. 분당 0.6개의 구멍을 팠다.

비법노트 **17**장

비례식

비례식은 두 비가 같다는 걸 나타내는 식이야. 예를 들어 피자를 똑같이 2조각으로 잘라서 그중 1조각을 먹었다고 가정해 봐. 먹은 피자 조각과 원래 크기의 피자 조각의 비는 $\frac{1}{2}$이지? 만약 피자를 똑같이 4조각으로 자른 후 그중 2조각을 먹었다면 비는 $\frac{2}{4}$니까 약분하면 이전과 변함없이 $\frac{1}{2}$이야. 이렇게 비가 같을 때, 두 비는 서로 **비례한다**고 해.

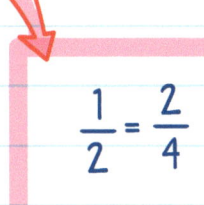

$$\frac{1}{2} = \frac{2}{4}$$

두 비가 서로 비례하는지는 두 비를 각각 분수로 나타낸 후 대각선으로 곱하면 알 수 있어. 곱한 결과가 서로 같다면 두 비는 서로 같으니까 비례 관계에 있는 거야.

$\frac{1}{2} \times \frac{2}{4}$ ← 이걸 교차 곱셈이라고 부르기도 해.

1 x 4 = 4
2 x 2 = 4

4 = 4

대각선으로 곱한 값이 같으니까 $\frac{1}{2} = \frac{2}{4}$ 야.

예제 $\frac{3}{5}$ 과 $\frac{9}{15}$ 는 서로 비례할까?

$\frac{3}{5} \times \frac{9}{15}$

서로 비례하는 두 비를 **동치분수**라고 불러.

3 x 15 = 45
9 x 5 = 45

45 = 45

대각선으로 곱한 값이 같으니까 $\frac{3}{5}$ 과 $\frac{9}{15}$ 는 비례해.

비례식을 이용하면 **미지의 값**(아직 알지 못하는 값)도 알아낼 수 있어. 예를 들어 레모네이드를 만들려고 하는데 요리책에는 레몬 1개의 즙을 짠 후 물 5컵을 넣어야 한다고 쓰여 있어. 레몬 6개로 레모네이드를 만들려면 물은 몇 컵이나 필요할까?

첫 번째, 우리가 알고 있는 값의 비를 세워. $\dfrac{물\ 5컵}{레몬\ 1개}$

두 번째, 구하고 싶은 값의 비를 세워. 레몬 6개에 필요한 물이 몇 컵인지 알고 싶은 거니까 필요한 물의 양을 x로 쓰면 돼. 알지 못하는 값이라는 뜻에서 x를 **미지수**라고도 불러.

$$\dfrac{물\ x컵}{레몬\ 6개}$$

세 번째, 두 비가 같다는 걸 나타내는 비례식을 세워.

$$\dfrac{물\ 5컵}{레몬\ 1개} \times \dfrac{물\ x컵}{레몬\ 6개}$$

양쪽 비에서 대응되는 값의 단위가 서로 같아.

마지막으로 대각선으로 곱해서 미지의 값 x를 구해 봐!

$1 \cdot x = 5 \times 6$
$1 \cdot x = 30$ → x만 남도록 양변을 1로 나누자.
$x = 30$

레몬 6개로 레모네이드를 만들려면 물 30컵이 필요해!

예제 윤지는 3시간 동안 차로 150km를 갈 수 있어. 윤지가 차를 타고 같은 비율로 간다고 할 때, 7시간 동안 몇 km나 갈 수 있을까?

$$\frac{150 \text{ km}}{3 \text{ 시간}} \times \frac{x \text{ km}}{7 \text{ 시간}}$$

$150 \cdot 7 = 3 \cdot x$
$1,050 = 3x$ ⟶ x만 남도록 양변을 3으로 나눠.
$350 = x$

윤지는 7시간 동안 350km를 갈 수 있을 거야.

> '같은 비율로'라는 말을 보면
> 비례식을 떠올려야 해!

여러 상황에도 비율은 똑같이 유지될 때가 있어. 예를 들어 소라는 0.5km를 달린 후 항상 물 1컵을 마셔. 만약 소라가 1km를 달린다면 물 2컵을 마시고, 1.5km를 달린다면 물 3컵을 마시겠지(같은 비율로 계속!). 이렇게 비율이 똑같이 유지된다면 각 상황마다 같은 수를 곱하면 돼(앞에선 2와 3을 곱했어). **비례상수**라 불리는 이 개념은 앞에서 배운 비의 값, 단가와 밀접한 관계가 있어.

예제   요리책에 주스 2병을 만들기 위해 물 6컵이 필요하다고 쓰여 있어. 이 조리법으로 주스 5병을 만들려면 물 15컵이 필요해. 만약 주스를 1병만 만들려면 물은 몇 컵이나 필요할까?

비례식을 세우고, 교차 곱셈을 해서 x를 구해.

$$\frac{6\text{컵}}{2\text{병}} \times \frac{x\text{컵}}{1\text{병}} \quad \text{또는} \quad \frac{15\text{컵}}{5\text{병}} \times \frac{x\text{컵}}{1\text{병}}$$

정답은 3컵이란 걸 알 수 있어.

표를 이용해서 비의 값을 구할 수도 있어. 표에 있는 자료로 비례식을 만들 수 있거든.

예제   진경이는 가끔 운동장을 돌아. 표는 진경이가 운동장을 돈 시간과 바퀴 수를 나타낸 거야. 진경이가 운동장 1바퀴를 도는 데 걸린 시간은 얼마나 될까?

운동장을 돈 시간	28분	42분
운동장을 돈 바퀴 수	4	6

$$\frac{28\text{분}}{4\text{바퀴}} \times \frac{x\text{분}}{1\text{바퀴}} \quad \text{또는} \quad \frac{42\text{분}}{6\text{바퀴}} \times \frac{x\text{분}}{1\text{바퀴}}$$

x를 구하면 알겠지만 정답은 7분이야.

1. $\dfrac{3}{4}$ 과 $\dfrac{6}{8}$ 은 비례할까? 교차 곱셈을 이용하여 알아보자.

2. $\dfrac{4}{9}$ 와 $\dfrac{6}{11}$ 은 비례할까? 교차 곱셈을 이용하여 알아보자.

3. $\dfrac{4}{5}$ 와 $\dfrac{12}{20}$ 는 비례할까? 교차 곱셈을 이용하여 알아보자.

4. $\dfrac{3}{15} = \dfrac{9}{x}$ 에서 x의 값을 구해 보자.

5. $\dfrac{8}{5} = \dfrac{y}{19}$ 에서 y의 값을 구해 보자. (y의 값은 소수)

6. $\dfrac{m}{6.5} = \dfrac{11}{4}$ 에서 m의 값을 구해 보자. (m의 값은 소수)

7. 지윤이는 늘 하얀색 물감 2컵과 빨간색 물감 5컵을 섞어서 분홍색을 만든다. 지윤이가 분홍색을 만들기 위해 하얀색 물감 4컵을 쓴다면 빨간색 물감은 몇 컵이나 필요할까?

8. 과자 4개가 7,000원일 때, 과자 9개는 얼마일까?

9. 베이글 3개가 2,670원일 때, 베이글 10개는 얼마일까?

10. 비가 15시간 동안 3.75mL 내렸다. 같은 속도로 비가 35시간 동안 내린다면 총 몇 mL 내릴지 소수로 써 보자.

정답

1. 비례한다.

$$\frac{3}{4} \times \frac{6}{8} \quad \begin{array}{l} 3 \times 8 = 24 \\ 6 \times 4 = 24 \\ 24 = 24 \end{array}$$

2. 비례하지 않는다.

$$\frac{4}{9} \times \frac{6}{11} \quad \begin{array}{l} 4 \times 11 = 44 \\ 6 \times 9 = 54 \\ 44 \neq 54 \end{array}$$

3. 비례하지 않는다.

$$\frac{4}{5} \times \frac{12}{20} \quad \begin{array}{l} 4 \times 20 = 80 \\ 12 \times 5 = 60 \\ 80 \neq 60 \end{array}$$

4. $x = 45$

5. $y = 30.4$

6. $m = 17.875$

7. 빨간색 물감 10컵이 필요하다.

8. 과자 9개의 값은 15,750원이다.

9. 베이글 10개의 값은 8,900원이다.

10. 35시간 동안 8.75 mL의 비가 내릴 것이다.

비법노트 **18**장

단위 변환

한 단위를 다른 단위로 바꿔 표현해야 할 때가 있어. m로 표현된 키를 cm로 바꿔야 할 때처럼 말이야. 이런 걸 **단위 변환**이라고 해.

표준 측정 단위계

미국에는 **표준 측정 단위계**가 있어. 혹시 아이스크림 용량을 파인트, 쿼트 등으로 정해서 파는 걸 본 적 있어? 파인트와 쿼트는 미국에서 많이 쓰는 용량 단위야. 우리나라에서도 미국 표준 측정 단위는 종종 쓰고 있어. 예를 들어 야구장 크기를 야드(yard)로 얘기하거나 금의 무게 단위를 온스(oz)라고 하는 것처럼 말이야. 아참, 파운드 케이크는 설탕, 버터 등을 1파운드(lb)씩 넣어 만들었다고 해서 붙은 이름이야. 이때 파운드도 표준 측정 단위지.

길이
12in(인치) = 1ft(푸트) (복수는 피트)
3ft(피트) = 1yd(야드)
1,760yd(야드) = 1mi(마일)

무게
1lb(파운드) = 16oz(온스)
1t(톤) = 2,000lb(파운드)

용량
1큰술 = 3작은술
1컵 = 16큰술
1pt(파인트) = 2컵
1qt(쿼트) = 2pt(파인트)
1gal(갤런) = 4qt(쿼트)

우리나라의 1컵 용량은 13$\frac{1}{3}$큰술이야. 미국보다 조금 적지?

단위 변환을 하려면 비례식을 세워서 풀면 돼.

예제 10pt는 몇 qt일까?

2pt가 1qt라는 사실을 알고 있으니 다음과 같이 비례식을 세울 수 있어.

$$\frac{x \text{qt}}{10\text{pt}} = \frac{1\text{qt}}{2\text{pt}}$$

교차 곱셈을 하면 답은 5qt야.

> **예제** 128큰술은 몇 pt일까?

원하는 단위의 값을 구할 때까지 비와 비율을 여러 번 반복해서 사용할 수 있어. 16큰술이 1컵이라는 사실을 이용해서 128큰술은 몇 컵인지 비례식을 세워.

$$\frac{x컵}{128큰술} = \frac{1컵}{16큰술}$$

교차 곱셈을 하면 128큰술은 8컵이야.

이제 8컵이 몇 pt인지 구해야 해.
2컵은 1pt이니까 다음과 같이 비례식을 세울 수 있어.

$$\frac{xpt}{8컵} = \frac{1pt}{2컵}$$

양쪽 식의 단위는 같아야 해!

교차 곱셈을 하면 정답은 4pt임을 알 수 있어.

미터법 측정 단위계

우리나라를 포함한 거의 모든 나라가 **미터법 측정 단위계**를 사용해. 많이 사용하는 미터법 표준 측정 단위와 각 단위에 대응하는 다른 단위를 다음과 같이 정리했어.

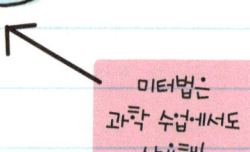

미터법은 과학 수업에서도 사용해!

길이
10mm(밀리미터) = 1cm(센티미터)
100cm(센티미터) = 1m(미터)
1,000m(미터) = 1km(킬로미터)

무게
1,000mg(밀리그램) = 1g(그램)
1,000g(그램) = 1kg(킬로그램)

마찬가지로 단위 변환을 하려면 비례식을 세워 풀면 돼.

예제 2km는 몇 cm일까?

1,000m는 1km라는 사실을 알고 있으니까, 비율을 이용해 비례식을 만들 수 있어.

$$\frac{x\,m}{2\,km} = \frac{1,000\,m}{1\,km}$$

교차 곱셈을 하면 $x = 2{,}000$m임을 알 수 있어.
이제 $2{,}000$m를 cm 단위로 바꾸면 돼.
1m는 100cm이니까 아래와 같이 비례식을 세우면 돼.

$$\frac{x \text{ cm}}{2{,}000 \text{ m}} = \frac{100 \text{ cm}}{1 \text{ m}}$$

교차 곱셈을 하면 답은 $200{,}000$cm야.

측정 단위계 변환

in와 같은 표준 측정 단위를 cm와 같은 미터법 측정 단위로 변환해야 할 때가 종종 있어. 표준 측정 단위계에서 미터법 측정 단위계로 변환하거나 그 반대로 변환하는 것을 **측정 단위계 변환**이라고 해.

표준에서 미터법으로의 일반적인 변환을 몇 가지 정리했어. 이걸 보면 표준 측정 단위가 대략 어느 정도 수치인지 알 수 있을 거야.

길이
1 in = 2.54 cm
3.28 ft = 약 1 m
1 yd = 0.9144 m
1 mi = 약 1.61 km

무게
1 oz = 약 28.349g
1 lb = 약 453.592g
1 lb = 약 0.454kg

용량
1 pt = 약 473.177mL
1 pt = 약 0.473L
1 gal = 약 3.785L

단위끼리 변환할 때에도 역시 비례식을 세워서 풀면 돼.

예제 12L는 몇 gal일까?

첫 번째, 미지의 값을 x로 놓고 비례식을 세워.

$$\frac{1\,gal}{3.785\,L} = \frac{x\,gal}{12\,L}$$

두 번째, 교차 곱셈으로 x의 값을 구해.
$3.785\,x = 12$
x만 남도록 양변을 3.785로 나눠.

x는 약 3.17gal이야.
그러니까 12L는 대략 3gal 정도인 거야!

퀴즈

1~8. 빈 곳을 채워 보자.

1. 26ft = (   )in
2. (   )gal = 24qt
3. 3pt = (   )작은술
4. (   )mm = 0.08km
5. 30cm = (   )in
6. 4.5mi = (   )ft
7. (   )g = 36oz
8. 5.25pt = (   )L

9. 길이가 7mi인 오솔길을 걷는 도중에 '지금까지 걸은 거리 : 10,000ft' 라고 쓴 표지판을 보았다면, 남은 오솔길은 몇 ft일까?

10. 네팔 국경에 있는 에베레스트 산은 8,848m, 에콰도르에 있는 침보라소 산은 6,310m이다. 두 산의 높이 차이는 몇 ft일까?

정답

1. 312

2. 6

3. 288

4. 80,000

5. 약 11.81

6. 23,760

7. 약 1,020.564

8. 약 2.48325

9. 남은 오솔길은 26,960ft이다.

10. 두 산의 높이 차는 약 8,324.64ft이다.

비법노트 **19**장

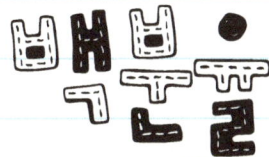

백분율은 '100당'을 의미해. 즉, 100과 양을 비교하는 비야. 예를 들어 33%는 100당 33을 뜻해. $\frac{33}{100}$ 또는 0.33으로 나타낼 수도 있어.

> 백분율을 분수로 나타내려면 백분율로 표현된 수를 분자에, 100을 분모에 놓고 %를 없애면 돼.
> 분수니까 약분을 잊지 마!

예 백분율을 분수로 나타내기

$$3\% = \frac{3}{100} \qquad 25\% = \frac{25}{100} = \frac{1}{4}$$

예 분수를 백분율로 나타내기

$$\frac{11}{100} = 11\% \qquad \frac{1}{5} = \frac{20}{100} = 20\%$$

↑ 🔁 비례식이티!

121

예 백분율을 소수로 나타내기

$$65\% = \frac{65}{100} = 0.65$$

$$6.5\% = \frac{6.5}{100} = 0.065$$

100으로 나눌 땐 소수점을 왼쪽으로 두 칸만 옮기면 끝!

예 분수를 백분율로 바꿀 땐 **분자를 분모**로 나누면 돼.

$$\frac{14}{50} = 14 \div 50 = 0.28 = 28\%$$

계산 결과가 소수고, 소수를 백분율로 바꿀 땐 소수점을 오른쪽으로 두 칸만 옮기고 %를 붙이면 돼.

꼭 기억해!
14와 14.0이 같은 것처럼 소수점이 없는 수도 보이지만 않을 뿐 소수점이 수의 오른쪽 끝에 있는 거야.

한 문제 더!

혜리가 가지고 있는 앨범 8장 중 5장이 재즈라면 혜리의 앨범 중 몇 %가 재즈일까?

$$\frac{5}{8} = 5 \div 8 = 0.625 = 62.5$$

← 소수점을 오른쪽으로 두 칸 옮기고 %를 붙이면 돼!

혜리의 앨범 중 62.5%가 재즈야.

다른 방법

비례식을 세워서 풀 수도 있어.

$$\frac{5}{8} \times \frac{x}{100}$$

$8 \cdot x = 5 \cdot 100$

$8 \cdot x = 500$ ← x만 남도록 양변을 8로 나눠.

$x = 62.5$

→ 혜리의 앨범 중 62.5%가 재즈야!

1. 45%를 분수로 나타내 보자.

2. 68%를 분수로 나타내 보자.

3. 275%를 분수로 나타내 보자. ← 가분수 또는 대분수로 써도 됨.

4. 8%를 소수로 나타내 보자.

5. 95.4%를 소수로 나타내 보자.

6. 0.003%를 소수로 나타내 보자.

7. $\dfrac{6}{20}$은 몇 %일까?

8. $\dfrac{15}{80}$는 몇 %일까?

9. 선영이는 조장 선거에서 전체 조원 7명 중 3명의 표를 얻었다. 선영이의 득표율은 약 몇 %일까?

10. 윤재는 이번 시험에서 20문제 중 17문제를 맞혔다. 그렇다면 틀린 문제는 몇 %일까?

정답

1. $\frac{45}{100} = \frac{9}{20}$

2. $\frac{68}{100} = \frac{17}{25}$

3. $\frac{275}{100} = \frac{11}{4}$ 또는 $2\frac{3}{4}$

4. 0.08

5. 0.954

6. 0.00003

7. 30%

8. 18.75%

9. 선영이의 득표율은 약 43%이다.

10. 윤재는 시험에서 전체 문제 중 15%를 틀렸다.

비법노트 **20**장

백분율 문장제

백분율 문장제를 잘 풀려면 우선 문장제를 수학기호로 바꿔야 해. 다음 단계를 잘 기억하면 문장제를 훨씬 쉽게 풀 수 있을 거야.

1단계 문장에서 '은', '는'을 찾아. 이걸 등호로 바꿔야 하거든. 그리고 나서 네가 세울 식의 가운데에 놓으면 돼.

2단계 '은', '는'의 앞 내용은 수학기호로 바꿔서 등호 한쪽에 놓아. 나머지 내용은 모두 등호 반대편에 놓으면 돼.

3단계 핵심 단어를 찾아.

➡ '얼마', '몇', '무슨', '어떤' 등은 미지의 값을 의미해. 이 값을 x와 같은 변수로 나타내면 돼.

➡ '의'는 곱셈을 의미해.

➡ 백분율은 소수로 나타낼 수도 있어. 소수점을 왼쪽으로 두 칸 옮긴 후 %를 없애면 돼.

4단계 이제 문장제를 풀 일만 남았어. 같이 해결해 보자!

예제 45의 75%는 얼마일까?

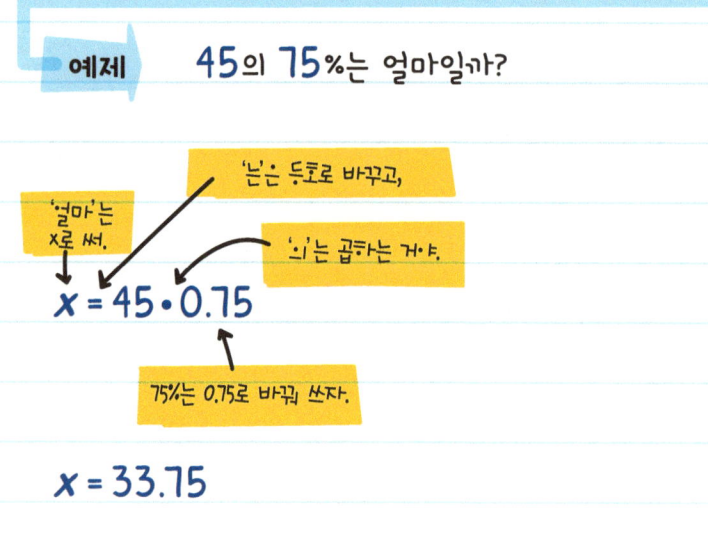

'는'은 =로 바꾸고,
'의'는 곱하는 거야.
'얼마'는 x로 써.

$x = 45 \cdot 0.75$

75%는 0.75로 바꿔 쓰자.

$x = 33.75$

따라서 45의 75%는 33.75야.

예제 13은 25의 몇 %일까?

$13 = 25 \cdot x$ ← x만 남도록 양변을 25로 나눠.
$0.52 = x$ ← 0.52를 백분율로 바꾸려면 소수점을 오른쪽으로 두 칸 옮기고 %를 붙이면 돼.

$52\% = x$

따라서 13은 25의 52%야.

> 직접 세운 식을 다시 확인해 봐.
> 문장제를 한번 더 읽고,
> 답이 맞는지 생각해 보는 것도 잊지 말아야 해!

예제 4는 어떤 수의 40%일까?

$4 = x \cdot 0.40$ ← x만 남도록 양변을 0.4로 나눠.
$10 = x$

따라서 4는 10의 40%야.

예제 1.25는 5의 몇 %일까?

5 · x = 1.25 ← x만 남도록 양변을 5로 나눠.
x = 0.25
x = 25%

따라서 1.25는 5의 25%야.

1. 60의 45%는 얼마일까?

2. 250의 15%는 얼마일까?

3. 97의 3%는 얼마일까?

4. 11은 20의 몇 %일까?

5. 2는 20의 몇 %일까?

6. 17은 25의 몇 %일까?

7. 35는 어떤 수의 10%일까?

8. 40은 어떤 수의 80%일까?

9. 102,000은 어떤 수의 8%일까?

10. 은주는 가격이 28,000원인 새 자전거를 사고 싶다. 지금까지 5,600원을 모았다면, 은주가 모은 돈은 자전거 가격의 몇 %일까?

정답

1. 27

2. 37.5

3. 2.91

4. 55%

5. 10%

6. 68%

7. 350

8. 50

9. 1,275,000

10. 은주는 자전거 가격의 20%를 모았다.

비법노트 **21**장

세금과 환율

세금

우리나라 국민은 모두 국가에 **세금**을 내야 할 의무가 있어. 우리가 낸 세금으로 도로, 공원 같은 공공시설을 만들기도 하고, 나라 살림을 꾸려 가기도 해. 세금은 돈을 벌어들인 소득에 대한 세금(직접세)과 물건 값에 포함되어 있는 세금(간접세)으로 나눌 수 있어.

우리는 일종의 간접세인 **부가가치세**를 계산해 볼 거야. 부가가치세는 백분율로 구할 수 있어.

> 상품 가격이 변해도 세율은 일정해. 그래서 구매한 물건이 많을수록 내야 할 세금도 많아져. 즉, 비례하는 관계인 거지!

> 우리나라에서는 물건 값의 **10%**를 부가가치세로 정하고 있어. 우리가 과자나 음료, 학용품 같은 걸 살 때 물건 값에 세금이 포함되어 있는 거야. 대한민국 국민이라면 누구나 세금을 내고 있는 거지.

예를 들어 부가가치세 세율이 **10%**이므로 **100**원당 **10**원을 세금으로 내야 해. 세율 **10%**는 비(**10:100**) 또는 분수($\frac{10}{100}$)로 나타낼 수도 있어.

예제 사고 싶은 스웨터가 **40,000**원인데 부가가치세가 포함되지 않은 가격이래. 부가가치세 세율이 **10%**일 때 스웨터를 사려면 얼마의 부가가치세를 내야 할까?

세금을 계산하는 다음 세 가지 방법을 잘 살펴봐.

방법 1 : 스웨터 가격에 세율을 곱해서 세금 계산하기

1단계 10%를 소수로 바꿔.
10% = 0.1

2단계 0.1과 40,000을 곱해.
40,000 × 0.1 = 4,000

따라서 부가가치세는 **4,000**원이 될 거야.

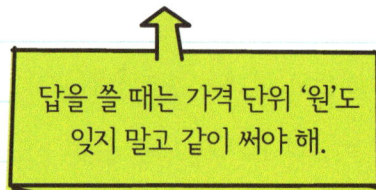

답을 쓸 때는 가격 단위 '원'도 잊지 말고 같이 써야 해.

방법 2 : 비례식을 세워서 세금 계산하기

1단계 10%를 분수로 바꿔.
$$10\% = \frac{10}{100}$$

2단계 미지의 값을 포함해서 세금에 대한 비례식을 세워.
$$\frac{10}{100} = \frac{x}{40,000}$$

3단계 교차 곱셈으로 답을 구해.
$$100x = 400,000$$
$$x = 4,000$$

따라서 부가가치세는 4,000원이 될 거야.

방법 3 : 방정식을 세워서 세금 계산하기

1단계 문제를 이렇게 바꿔서 생각해 봐.
'40,000원의 10%는 얼마일까?'

2단계 문장제를 수학기호로 바꿔.
$$x = 0.1 \times 40,000$$
$$x = 4,000$$

따라서 부가가치세는 4,000원이 될 거야.

정가 구하기

우리나라는 대체로 물건 가격에 부가가치세가 포함되어 있어. 그러므로 물건을 살 때 지불한 금액에서 부가가치세를 뺀 금액이 정가야.

예제 내 필통을 산 후 영수증을 확인해 보니 부가가치세 10%를 포함한 금액이 5,500원이었어. 부가가치세를 뺀 필통의 가격은 얼마일까?

1단계 필통 가격에 대한 백분율과 세율을 더해서 필통 가격에 대한 백분율을 구해.

$$100\% + 부가가치세\ 10\% = 110\%$$

> 에누리 없이 필통을 샀으니까 지불한 필통 값에서 세금을 뺀 금액은 정가의 100%지.

2단계 백분율을 소수로 바꿔.
$$110\% = 1.1$$

3단계 방정식을 풀어서 정가를 구해.
$$5,500 = 1.1 \cdot x$$ ← x만 남도록 양변을 1.1로 나눠.
$$x = 5,000$$

따라서 부가가치세를 뺀 필통의 가격은 **5,000**원이야.

연체료

연체료도 세금과 비슷하게 계산할 수 있어. 각 상황마다 주어진 특정한 비율로 연체료를 알아낼 수 있거든.

예제 자전거 대여 회사 A는 자전거를 늦게 반납할 때마다 대여료의 **17%**를 연체료로 부과한다고 해. 자전거 대여료가 **2,000**원인데 자전거를 늦게 반납했다면 부과되는 연체료와 내야 할 총 금액은 각각 얼마일까?
(앞에서 소개한 **방법 1**을 써서 계산해 보자.)

17% = 0.17 → 2,000 × 0.17 = 340

따라서 연체료는 340원이야.

내야 할 총 금액은 처음 대여료에다가 연체료를 더하면 돼.
2,000원 + 340원 = 2,340원

따라서 내야 할 총 금액은 2,340원이야.

저... 진짜 몇 분밖에... 안 늦었는데...

대여료 구하기

마찬가지로 최종 가격과 연체료 부과율을 안다면 대여료를 계산할 수 있어.

예제 스노보드를 하루 빌렸어. 근데 너무 신나게 놀다 보니 미처 시간 가는 줄 몰랐던 거야. 결국 보드를 늦게 반납했어. 영수증을 보니 연체료 12%를 포함한 총 대여료가 33,600원이야. 연체료를 뺀 원래 대여료는 얼마일까?

1단계 원래 대여료에 대한 백분율과 연체료 부과율을 더해서 최종 대여료에 대한 백분율을 구해.

100% + 연체료 12% = 112%

> 에누리 없이 스노보드를 빌렸으니까 최종 대여료에서 연체료를 뺀 값은 원래 대여료의 100%지.

2단계 백분율을 소수로 바꿔.

112% = 1.12

3단계 방정식을 풀어서 원래 대여료를 구해.

$33{,}600 = 1.12 \cdot x$ ← x만 남도록 양변을 1.12로 나눠.

$x = 30{,}000$

따라서 스노보드의 원래 대여료는 30,000원이야.

1. 다음 표를 채워 보자.

	부가가치세 10%
보드게임 27,000원	
총액 (세금 포함)	
텔레비전 160만 원	
총액 (세금 포함)	

2. 좋아하는 밴드의 새 앨범을 구입한 후 영수증을 확인해 보니 부가가치세 10%를 포함한 총 금액이 12,100원이었다. 부가가치세를 제외한 앨범의 정가는 얼마일까?

3. 만화방에서 만화책 5권을 빌렸는데 제때 반납하지 못해서 연체료를 내게 되었다. 만화책 대여료는 권당 500원이고, 연체료는 18%다. 책을 반납할 때 지불해야 할 연체료는 얼마일까?

정답

1.

	부가가치세 10%
보드게임 27,000원	2,700원
총액 (세금 포함)	29,700원
텔레비전 160만 원	16만 원
총액 (세금 포함)	176만 원

2. 앨범의 정가는 11,000원이다.

3. 연체료는 450원이다.

비법노트 **22**장

할인과 가격 인상

더 많은 물건을 팔기 위해 할인을 할 때가 있어. 아마 마트나 백화점에서 이런 현수막을 자주 봤을 거야.

저렴하게 살 수 있는 절호의 기회라고 유혹하는 광고에 휘둘리면 안 돼. 현명한 소비를 위해 얼마나 절약할 수 있는지 먼저 계산해 봐야 해.

돈을 아낄 수 있다는 말과 문구들
: 세일, 가격 인하, 싸다!, 특별 할인, 창고 대방출 등
(이런 문구를 본다면, 할인했을 때 얼마인지 계산해 봐야겠지?)

할인한 금액을 계산하는 건 세금을 계산하는 건과 비슷해. 다만 돈을 덜 쓰는 것이니까 정가에서 할인한 금액을 빼야 해.

예제 백화점에서 정가 12,500원인 모자를 20% 할인된 가격에 팔고 있어. 모자의 할인 금액과 할인된 가격은 각각 얼마일까?

방법 1 : 할인 금액을 구한 다음, 정가에서 빼기

1단계 할인율을 소수로 바꿔.
20% = 0.20

2단계 할인 금액을 구하기 위해 정가와 할인율을 곱해.
12,500원 × 0.20 = 2,500원

3단계 정가에서 할인 금액을 빼.
12,500원 − 2,500원 = 10,000원

따라서 할인된 모자 가격은 10,000원이야.

방법 2 : 방정식을 세워 계산하기

1단계 문제를 이렇게 바꿔서 생각해 봐.
'12,500원의 20%는 얼마일까?'

2단계 문장제를 수학기호로 바꿔.
$x = 0.20 \cdot 12,500$
$x = 2,500$

3단계 정가에서 할인하는 금액을 빼.
12,500원 - 2,500원 = 10,000원

따라서 할인된 모자 가격은 10,000원이야.

할인된 가격에서 추가 할인을 해 준다면 할인받을 총 금액은 어떻게 계산해야 할까? 걱정 마. 한 번에 하나씩 차근차근 계산하면 돼.

예제 비디오 가게에서 모든 게임을 25% 할인해 팔고 있는데, 멤버십 카드가 있으면 추가로 15%를 할인해 줘. 멤버십 카드를 가지고 있다면 10만 원짜리 비디오 게임을 얼마에 살 수 있을까?

우선 25% 할인된 금액을 구해.
25% = 0.25
0.25 x 100,000원 = 25,000원

첫 번째로 할인하는 금액은 25,000원이야.

100,000원 - 25,000원 = 75,000원
따라서 25% 할인한 게임의 금액은 75,000원이야.

이제 멤버십 혜택인 15% 추가 할인 금액을 구할 차례야.

15% = 0.15
0.15 × 75,000원 = 11,250원

추가 할인 금액은 11,250원이야.

75,000원 − 11,250원 = 63,750원

> 두 번째 할인은 추가 할인이란 걸 잊지 마. 그래서 두 번째 할인율은 첫 번째로 할인된 가격에 기초해서 계산해야 해. 정가에다가 계산하면 안 돼!

최종 가격은 63,750원이야. 꽤 괜찮은 거래네!

정가 계산하기

최종 가격과 할인율을 알면 정가를 구할 수 있어.

예제 30% 할인된 가격에 비디오 게임을 판매되고 있어. 할인된 가격이 41,990원이라면 정가는 얼마일까?

1단계 정가에 대한 백분율에서 할인율을 빼.
100% − 30% = 70%

> 21장에서의 예제들과는 다르게 모든 금액을 내는 게 아니야. 기껏해야 정가의 70%만 내는 거야. 복잡하지!

2단계 백분율을 소수로 바꿔.
70% = 0.7

3단계 방정식을 풀어서 정가를 계산해.
41,990 = 0.7 · x ← x만 남도록 양변을 0.7로 나눠.

144

$x = 59,990$ (십 원 단위에 맞추느라 반올림했어.)

따라서 비디오 게임의 정가는 **59,990**원이야.

할인율 계산하기

최종 가격과 정가를 안다면 비슷한 방법으로 할인율을 구할 수도 있어.

예제 두리는 할인 중인 셔츠를 **35,000**원에 샀어. 정가가 **50,000**원이라면 할인율은 얼마일까?

$35,000 = x \cdot 50,000$ ← x만 남도록 양변을 50,000으로 나눠.

$x = 0.7$ ← 두리가 정가의 **70%**만 내고 셔츠를 샀다는 뜻이야.

$1 - 0.7 = 0.3$ ← 할인율을 구하기 위해 정가에 대한 백분율에서 최종 금액에 대한 백분율을 빼.

$100\% - 70\% = 30\%$

따라서 셔츠의 할인율은 **30%**야.

가격 인상

세일 기간에는 할인을 해 주지만 이렇게 늘 할인만 한다면 그 가게는 아마 망할 거야. 사실 상점이나 제조업체는 이익을 내기 위해 상품 가격을 올리곤 하지. 이런 걸 **가격 인상**이라고 해.

예제   비디오 게임 한 개의 제작 비용은 40,000원이야. 제작자는 이익을 내기 위해 제작 비용의 20%를 이윤으로 계산해서 가격을 정했어. 이윤과 게임의 판매가는 각각 얼마일까?

방법 1 : 이윤을 찾아 판매가 구하기

1단계   이익률 20%를 소수로 바꿔.
20% = 0.2

2단계   이익률과 원가를 곱해. 이게 인상된 가격, 즉 이윤이야.
0.2 × 40,000원 = 8,000원

3단계   원가에 이윤을 더해.
40,000원 + 8,000원 = 48,000원

따라서 비디오 게임의 판매가는 48,000원이야.

방법 2 : 방정식을 세워 계산하기

1단계   문제를 이렇게 바꿔서 생각해 봐.
'40,000원의 20%는 얼마일까?'

2단계   문장제를 수학기호로 바꿔.
$x = 0.20 \cdot 40{,}000$ ➔ $x = 8{,}000$

3단계   원가에 이윤을 더해.
40,000원 + 8,000원 = 48,000원

따라서 비디오 게임의 판매가는 48,000원이야.

원가 구하기

세금과 연체료를 계산했던 것처럼 최종 가격과 이윤을 안다면 원가 또한 계산할 수 있어.

예제 빵집에서 케이크를 34,000원에 팔아. 이 빵집에선 이익을 내기 위해 원가의 **70%**를 이윤으로 계산해서 가격을 정했어. 케이크의 원가는 얼마일까?

1단계 케이크 원가에 대한 백분율에 이익률을 더해서 최종 가격에 대한 백분율을 구해.

100% + 70% = 170%

> 원가에 이윤을 더한 금액을 지불했으니까 실제로 케이크 값은 원가의 170%인 셈이야.

2단계 백분율을 소수로 바꿔.

170% = 1.7

3단계 이제 원가를 계산해 봐.

$34{,}000 = 1.7 \cdot x$

$x = 20{,}000$

따라서 케이크의 원가는 **20,000**원이야.

1. 진열된 컴퓨터에 1,500,000원이라고 쓴 가격표가 붙어 있다. 상점에서 15% 할인해 판매하고 있다면, 할인하는 금액과 할인된 컴퓨터 가격은 각각 얼마일까?

2. 48,000원짜리 바지를 20% 할인된 금액으로 샀다면 할인하는 금액과 할인된 바지 가격은 각각 얼마일까?

3. 마트에서 자전거를 정가의 45% 가격에 팔고 있다. 할인된 가격이 245,250원이라면 자전거의 정가는 얼마일까?

4. 옷가게에 '창고 정리 세일: 전 품목 15% 할인'이라고 쓴 전단지가 붙어 있다. 정가가 30,000원인 셔츠를 살펴보니 가격표에 '10% 추가 할인'라고 쓴 스티커가 붙어 있다. 이 셔츠의 가격은 얼마일까?

5. 트럭을 구입하기 위해 대리점 A를 방문했다. 구입하고 싶은 트럭 가격이 14,500,000원이고, 판매원은 10% 할인을 제안했다. 대리점 B에서는 똑같은 트럭을 16,000,000원에 팔고 있으며 판매원은 14% 할인을 제안했다. 두 대리점 중 어느 대리점에서 트럭을 사야 더 싸게 구입할 수 있을까?

6. 가구 제작자는 원가 50,000원에 책꽂이를 만든다. 상점에서 원가의 8%를 이윤으로 계산해서 책꽂이를 판매한다면 이윤과 책꽂이 가격은 각각 얼마일까?

7. 자전거 제작자는 원가 350,000원에 자전거를 만든다. 자전거 가게에서 원가의 15%를 이윤으로 계산해서 자전거를 판매한다면 이윤과 자전거 가격은 각각 얼마일까?

8. 슈퍼마켓에서 우유 한 팩을 3,240원에 팔고 있다. 원가의 35%를 이윤으로 계산해서 팔고 있다면 우유 한 팩의 원가는 얼마일까?

9. 현기는 TV 한 대를 구입하려고 한다. 첫 번째 가게에서는 300,000원에 TV를 판매하고 있으며, 두 번째 가게에서는 250,000원에 25%의 이윤을 붙여 TV를 판매하고 있다. 현기는 어떤 가게에서 TV를 사야 좀 더 싸게 구입할 수 있을까?

10. 가구점에 1,200,000원짜리 침대가 있다. 이 침대를 30% 할인해 판매하다가 할인된 가격에서 20% 가격 인상을 했다. 침대의 가격은 얼마일까?

정답

1. 할인하는 금액 : 225,000원, 할인된 가격 : 1,275,000원

2. 할인하는 금액 : 9,600원, 할인된 가격 : 38,400원

3. 정가 : 545,000원

4. 셔츠의 가격 : 22,950원

5. 대리점 A : 13,050,000원, 대리점 B : 13,760,000원
   대리점 A에서 트럭을 더 싸게 살 수 있다.

6. 이윤 : 4,000원, 판매가 : 54,000원

7. 이윤 : 52,500원, 판매가 : 402,500원

8. 원가 : 2,400원

9. 첫 번째 가게 : 300,000원, 두 번째 가게 : 312,500원
   첫 번째 가게에서 TV를 더 싸게 살 수 있다.

10. 정가 : 1,200,000원, 할인하는 금액 : 360,000원
    할인된 침대 가격 : 840,000원, 인상액 : 168,000원
    인상된 침대 가격 : 1,008,000원

비법노트 23장

봉사료와 판매 수수료

보통 팁이라고 말하는 **봉사료**는 서비스에 대한 대가로 지불하는 돈이야. 패밀리 레스토랑 같은 식당 영수증에 부가가치세 및 봉사료 항목이 있는 것처럼 말이지.
판매 수수료는 상품 판매를 도운 사람들에게 지불하는 돈이야. 쉽게 말해서 가게 점원이 받는 수수료라고 생각하면 돼. 두 경우 모두 밥값이나 물건 값에 따라 금액이 결정돼. 봉사료와 판매 수수료 역시 부가가치세를 계산하는 방법으로 쉽게 구할 수 있어.

다시 한번 말하지만, 쓴 금액이 클수록 봉사료와 판매 수수료도 더 커져. 둘은 서로 비례관계인 거지!

151

예제 레스토랑에서 맛있게 식사를 하고 계산하기 위해 종업원을 불렀어. 종업원이 25,000원이 적혀 있는 청구서를 가져다줬어. 봉사료로 15%를 줘야 한다면 봉사료까지 포함해서 내야 할 돈은 얼마일까?

먼저 봉사료를 계산해야 해.
15% = 0.15
25,000원 × 0.15 = 3,750원

봉사료는 3,750원이야.

이제 음식값과 봉사료를 더해야겠지?
25,000원 + 3,750원 = 28,750원

레스토랑에 내야 할 돈은 모두 28,750원이야.

예제 은혜는 지난 여름에 어느 쇼핑몰 옷가게에서 일을 했어. 옷가게 주인은 은혜가 판 옷값의 **12%**를 판매 수수료로 주겠다고 했어. 은혜가 첫 일주일 동안 **350**만 원어치 옷을 팔았다면 은혜는 판매 수수료로 얼마를 벌었을까?

12% = 0.12
350만 원 × 0.12 = 42만 원

은혜는 판매 수수료로 **42**만 원을 벌었어.

다른 방법

이 문제를 다음과 같이 비례식을 세워서 풀 수도 있어.

$$\frac{12}{100} = \frac{x}{350}$$

100x = 4,200

x = 42만 원

1. 박 선생님은 식당에서 가족과 식사를 한 후 45,000원이 적혀 있는 청구서를 받았다. 봉사료로 18%를 줘야 한다면 박 선생님은 봉사료를 포함해 모두 얼마를 내야 할까?

2. 한 점원은 이번 달 600만 원의 판매 실적을 거두었다. 판매 금액의 35%를 판매 수수료로 받는다면 이 점원이 받을 판매 수수료는 얼마일까?

3. 한 회사는 출장 외식 업체를 불러 특별 이벤트를 진행하고 875,000원을 지불했다. 봉사료 25%를 추가 지불해야 한다면 봉사료와 봉사료를 포함해 지불한 금액은 각각 얼마일까?

4. 김 선생님 부부는 보모에게 70,000원을 지불해야 한다. 봉사료 32%를 추가 지불해야 한다면 봉사료와 봉사료를 포함해 지불할 금액은 각각 얼마일까?

5. 머리 커트 비용 25,000원에 봉사료 10%를 더해 미용사에게 줘야 한다면 모두 얼마를 내야 할까?

6. 식당에서 저녁 식사를 한 후 청구서를 확인하니 32,750원이었다. 봉사료 18%를 주기로 했다면 내야 할 돈은 모두 얼마일까? (십 원 단위까지 나타낸다.)

7. 스쿠터 판매원인 상우는 스쿠터를 팔 때마다 판매 수수료 8%를 받는다. 상우가 지난 일주일 동안 5,450,000원의 판매 실적을 거두었다면, 그가 받을 판매 수수료는 얼마일까?

8. 가게 주인은 판매원에게 급여로 '판매 수수료 12%'와 '주급 500,000원' 중 하나를 선택할 수 있다고 말했다. 판매원은 지난 일주일 동안 3,950,000원의 판매 실적을 거두었다. 그렇다면 판매원은 판매 수수료와 주급 중 어떤 방식을 선택해야 이익일까?

9. 영은이와 정희는 판매 사원으로 서로 다른 상점에서 일하고 있으며, 각각 판매 수수료 8%와 9.5%를 받는다. 지난달 영은이와 정희가 각각 2,500만 원과 2,200만 원의 판매 실적을 거두었다면 누가 더 많은 판매 수수료를 벌었을까?

10. 식당에서 종업원으로 일하는 수지는 236,000원어치 식사를 한 사람들로부터 봉사료 18%를 받았다. 가전제품을 판매하는 민경이는 380,000원어치 가전제품을 팔고 판매 수수료 12%를 받았다. 두 사람 중 누가 더 많은 돈을 받았을까?

정답

1. 박 선생님이 내야 할 금액은 53,100원이다.

2. 점원이 받을 판매 수수료는 210만 원이다.

3. 봉사료는 218,750원이고, 지불한 총 금액은 1,093,750원이다.

4. 봉사료는 22,400원이고, 지불한 총 금액은 92,400원이다.

5. 미용사에게 지불해야 할 금액은 모두 27,500원이다.

6. 내야 할 돈은 모두 38,650원이다.

7. 상우가 받아야 할 판매 수수료는 436,000원이다.

8. 판매 수수료를 선택할 경우 474,000원을 받으므로, 주급 500,000원을 선택하는 것이 이익이다.

9. 영은이와 정희는 판매 수수료로 각각 200만 원과 209만 원을 벌었으므로 정희가 더 많이 벌었다.

10. 수지는 봉사료로 42,480원을 받았고, 민경이는 판매 수수료로 45,600원을 받았으므로 민경이가 더 많이 받았다.

비법노트 **24**장

이자

이자란 돈을 빌리기 위해 내는 수수료야. 이자는 다음 두 가지 측면에서 생각해 볼 수 있어.

1. 네가 은행에 저금을 하면 은행은 너에게 이자를 줘. 네가 저금한 돈 덕분에 은행엔 더 많은 돈이 모이고, 그 돈을 다른 사람에게 빌려 줘서 이익을 낼 수 있기 때문이지.

2. 반대로 네가 은행에서 돈을 빌리면 너는 은행에 이자를 내야 해. 다른 사람이 맡긴 돈을 빌려 쓰는 것에 대한 일종의 수수료라고 할 수 있어.

받아야 할 이자(빌려줄 때)나 내야 할 이자(빌릴 때)를 계산하려면 다음 세 가지를 알아야 해.

1. **원금** : 빌리거나 빌려준 금액

2. **이율** : 빌리거나 빌려준 돈에 대한 이자의 비율

3. **기간** : 돈을 빌리거나 빌려준 기간

> '일', '주', '월' 단위로 주어진 기간은
> 연 단위가 되도록 분수로 나타내서 이자를 계산하자.
> **예:**
> 9개월 = $\frac{9}{12}$ 년   80일 = $\frac{80}{365}$ 년   10주 = $\frac{10}{52}$ 년

원금, 이율, 기간이 정해지면 다음 **단리 공식**을 사용할 수 있어.

이자(Interest) = 원금(Principle) X 이율(interest Rate) X 기간(Time)

$I = P \cdot R \cdot T$

잔액이란 처음 원금에 이자를 더한 총 금액을 말해.

예제 이율이 5%인 은행 계좌에 20만 원을 입금했다면, 3년 동안 받는 이자는 얼마일까?

원금(P) = 20만 원
이율(R) = 5% = 0.05
기간(T) = 3년

계산할 때 항상 백분율을 소수로 바꾸자!

> 이자도 일종의 비율이야.
> 5% 이율 = $\frac{5}{100}$
> 그러니까 100원을 저금하면, 은행은 매년 5원을 이자로 주는 거지. 5원에 기간만 곱하면 100원을 저금했을 때 받을 수 있는 이자를 알 수 있어.

단리 공식을 이용해서 계산해 봐.

$I = P \cdot R \cdot T$
$I = (20만 원)(0.05)(3)$
$I = 3만 원$

흥미롭군...

3년 후에 이자로 3만 원을 받을 거야.
3년 동안 은행에 돈을 맡긴 것뿐인데 꽤 쏠쏠하네!

예제 중고차를 사기 위해서 1,100만 원을 빌려야 해. 연 3.25%로 5년 동안 은행에서 돈을 빌리기로 했다면 5년 동안 내야 하는 이자는 모두 얼마일까? 또, 결과적으로 중고차를 사는 데 필요한 총 비용은 얼마일까?

원금(P) = 1,100만 원
이율(R) = 3.25% = 0.0325
기간(T) = 5년

$I = P \cdot R \cdot T$
I = (1,100만 원)(0.0325)(5)
I = 1,787,500원

5년 동안 이자만 1,787,500원을 내야 해!

이제 중고차를 사는 데 필요한 총 비용을 계산해.
1,100만 원 + 1,787,500원 = 12,787,500원

중고차를 사는 데 필요한 총 비용은 12,787,500원이야.

예제 재영이는 현금 300만 원을 갖고 있어. 이 돈을 연 4%의 이자를 주는 은행에 예금하려고 해. 이자로 60만 원을 벌기 위해서는 예금을 찾지 않고 얼마나 은행에 맡겨 두어야 할까?

이자(I) = 60만 원
원금(P) = 300만 원
이율(R) = 4% = 0.04
기간(T) = x ← { 이자는 알지만, 기간은 모르는 상황이야. 기간을 x로 두고, 나머지 알고 있는 모든 정보들을 채우면 돼.

$I = P \cdot R \cdot T$

60만 원 = (300만 원)(0.04)x

60만 원 = (12만 원)x ← { x만 남도록 양변을 12만 원으로 나누자.

5 = x

재영이는 5년이 지나면 이자로 60만 원을 벌 수 있어.

1~5. 연재는 연 4.25%의 이자를 주는 은행에 75만 원을 예금했고, 앞으로 3년 동안 예금을 은행에 맡겨 둘 생각이다. 물음에 답해 보자.

1. 원금은 얼마일까?

2. 이율은 얼마일까? (소수로 써 보자.)

3. 기간은 얼마일까?

4. 연재는 3년 후 이자로 얼마를 벌 수 있을까? (십 원 단위까지 나타낸다.)

5. 3년 후 연재의 잔액은 얼마일까? (십 원 단위까지 나타낸다.)

6~9. 현수는 3년 동안 연 6%의 이자를 내는 조건으로 자동차 대출 750만 원을 받았다. 물음에 답해 보자.

6. 현수가 3년 동안 내야 할 이자는 얼마일까?

7. 선희도 자동차 대출 750만 원을 받았다. 대출 조건은 5년 동안 연 6%의 이자를 내는 것이다. 선희가 5년 동안 낼 이자는 얼마일까?

8. 현수와 똑같은 금액을 빌리기 위해 같은 이율의 이자를 3년이 아닌 5년 동안 내야 하는 선희는 현수보다 얼마나 더 많은 이자를 내야 할까?

9. 8번 문제의 정답을 통해 돈을 빌리는 것과 관련해 무엇을 알 수 있는지 써 보자.

10. 표의 빈 곳을 채워 보자(반올림 하여 백 원 단위까지 나타낸다).

이자	원금	이율	기간
	2,574,500원	5.5%	2년
2,976,000원	6,200,000원	12%	

정답

1. 75만 원

2. 0.0425

3. 3년

4. 95,630원

5. 845,630원

6. 135만 원

7. 225만 원

8. 90만 원

9. 돈을 빌린 기간이 길면 길수록 더 많은 이자를 내야 한다.

10.

이자	원금	이율	기간
283,200원	2,574,500원	5.5%	2년
2,976,000원	6,200,000원	12%	4년

비법노트 25장

백분율 변화율

실생활에서 어떤 양에 대한 변화가 큰지 작은지 판단하기 어려울 때가 종종 있어. 이때 **백분율 변화율**을 사용하면 처음보다 양이 얼마나 변했는지 알 수 있어. 쉽게 말해서 백분율 변화율은 백분율로 나타낸 변화량의 비율이야.

최초의 양이 **늘어나면** 백분율은 증가	최초의 양이 **줄어들면** 백분율은 감소

백분율 변화율을 계산하는 방법이야.

첫 번째, 비를 다음과 같이 나타내. $\dfrac{변화량}{최초의\ 양}$

> 변화량은 새로운 양과 최초의 양의 차를 의미해.

두 번째, 변화량을 최초의 양으로 나눠.

세 번째, 소수점을 오른쪽으로 두 칸 이동한 후 %를 붙여.

예제 어떤 옷가게는 공장에서 한 벌당 20,000원에 사 온 티셔츠를 고객에게 23,000원에 팔아. 가격을 몇 % 올려서 판 걸까?

$$\frac{23{,}000 - 20{,}000}{20{,}000} = \frac{3}{20} = 0.15 \rightarrow 15\% \text{ 증가}$$

예제 늘기는 첫 번째 역사 시험에서 14문제를 맞혔는데, 두 번째 시험에선 공부를 게을리해서 10문제밖에 맞히지 못했어. 첫 번째 시험에 비해 두 번째 시험 때 맞힌 문제 수는 몇 % 떨어진 걸까?

$$\frac{14 - 10}{14} = \frac{4}{14} = \frac{2}{7} = 0.29 \rightarrow 29\% \text{ 감소}$$

> 분수를 약분하면 계산하기 훨씬 쉬워. 꼭 기억해!

> 백분율로 나타내기 위해 소수 셋째 자리에서 반올림했어.

퀴즈

1~5. 주어진 백분율 변화율은 증가일까, 감소일까?

1. 7%에서 17%

3. 5.0025%에서 5.0021%

2. 87.5%에서 36.2%

4. $92\frac{1}{2}$% 에서 $92\frac{1}{5}$%

5. 31.5%에서 75%

6. 8에서 18로 변했을 때, 백분율 증가율 또는 감소율을 구해 보자.

7. 0.05에서 0.03으로 변했을 때, 백분율 증가율 또는 감소율을 구해 보자.

8. 2에서 2,222로 변했을 때, 백분율 증가율 또는 감소율을 구해 보자.

9. 한 자전거 가게는 공장에서 한 대당 250,000원에 산악자전거를 구매해서 625,000원에 판매한다. 가격의 백분율 변화율은 얼마일까?

10. 수환이는 타코 가게에서 일한다. 일요일에는 타코 135개가 팔린 반면 월요일에는 108개만 팔렸다. 일요일부터 월요일까지 생긴 백분율 변화율은 얼마일까?

정답

1. 증가

2. 감소

3. 감소

4. 감소

5. 증가

6. 125% 증가했다.

7. 40% 감소했다.

8. 111,000% 증가했다.

9. 150% 증가했다.

10. 20% 감소했다.

비법노트 **26**장

표와 비율

표를 사용해서 비와 비율을 나타낼 수 있어.
예를 들어 육상 선수가 운동장을 돌면서 달리기를 연습할 때, 이 선수의 코치가 다음과 같이 시간을 기록했다고 생각해 봐.

바퀴 수	달린 시간
2	6분
5	15분

이 선수가 몇 분 만에 운동장 1바퀴를 도는지 알고 싶다면 코치는 어떻게 해야 할까? 일정한 속도로 달렸다면 계산하기 쉬울 거야. 우린 이미 비의 값을 공부했으니까!

먼저 비례식을 세워.

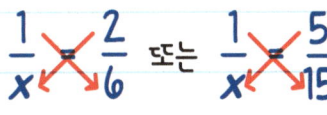 ← 교차곱셈으로 **x**의 값을 구해.

정답은 **3**분이야.

169

> **주의!**
> 비율이 서로 비례관계일 때만 표를 사용할 수 있어!
> 비례관계가 아닐 땐 표에 있는 비율로
> 모르는 값을 예상할 수 없어.

예 다린이와 정현이가 운동장에서 달리기 시합을 했고, 코치는 다음과 같이 달린 시간을 기록했어.

다린

바퀴 수	달린 시간
1	?
2	8 분
6	24 분

정현

바퀴 수	달린 시간
1	?
3	15 분
4	20 분

두 명 모두 일정한 속도로 달린다면, 코치는 두 사람 중 누가 더 빠른지 어떻게 알 수 있을까? 일단 표를 완성해서 다린이와 정현이가 운동장 1바퀴를 도는 데 각각 몇 분이 걸리는지 구하고 두 값을 비교해야 해. 비례식을 이용하면 코치가 알고 싶은 값을 쉽게 계산할 수 있어.

다린

$$\frac{1}{x} = \frac{2}{8}$$

$x = 4$

다린이는 4분 만에 운동장 1바퀴를 돌아.

정현

$$\frac{1}{x} = \frac{3}{15}$$

$x = 5$

정현이는 5분 만에 운동장 1바퀴를 돌아.
다린이가 정현이보다 빠르네!

1~5. 나래, 현기, 영주, 경석이가 열심히 코코넛을 따고 있다. 다음 표는 네 명이 딴 코코넛 개수와 따는 데 걸린 시간을 기록한 것이다. 표의 빈 곳을 채워 보자.
(네 명이 코코넛을 따는 비율은 각각 일정하다고 가정한다)

1. 나래

코코넛 개수	시간
1	
5	30분
	48분

2. 현기

코코넛 개수	시간
1	
2	14분
6	

3. 영주

코코넛 개수	시간
1	
	4분
8	16분

4. 경석

코코넛 개수	시간
1	
	20분
9	36분
	40분

5. 코코넛 1개를 제일 빨리 따는 사람은 누구일까?

정답

1. 나래

코코넛 개수	시간
1	6분
5	30분
8	48분

2. 현기

코코넛 개수	시간
1	7분
2	14분
6	42분

3. 영주

코코넛 개수	시간
1	2분
2	4분
8	16분

4. 경석

코코넛 개수	시간
1	4분
5	20분
9	36분
10	40분

5. 영주는 코코넛 1개를 2분 만에 딴다.
따라서 영주가 코코넛을 가장 빨리 딴다.

개념 연결

생각그물 · 교과연계

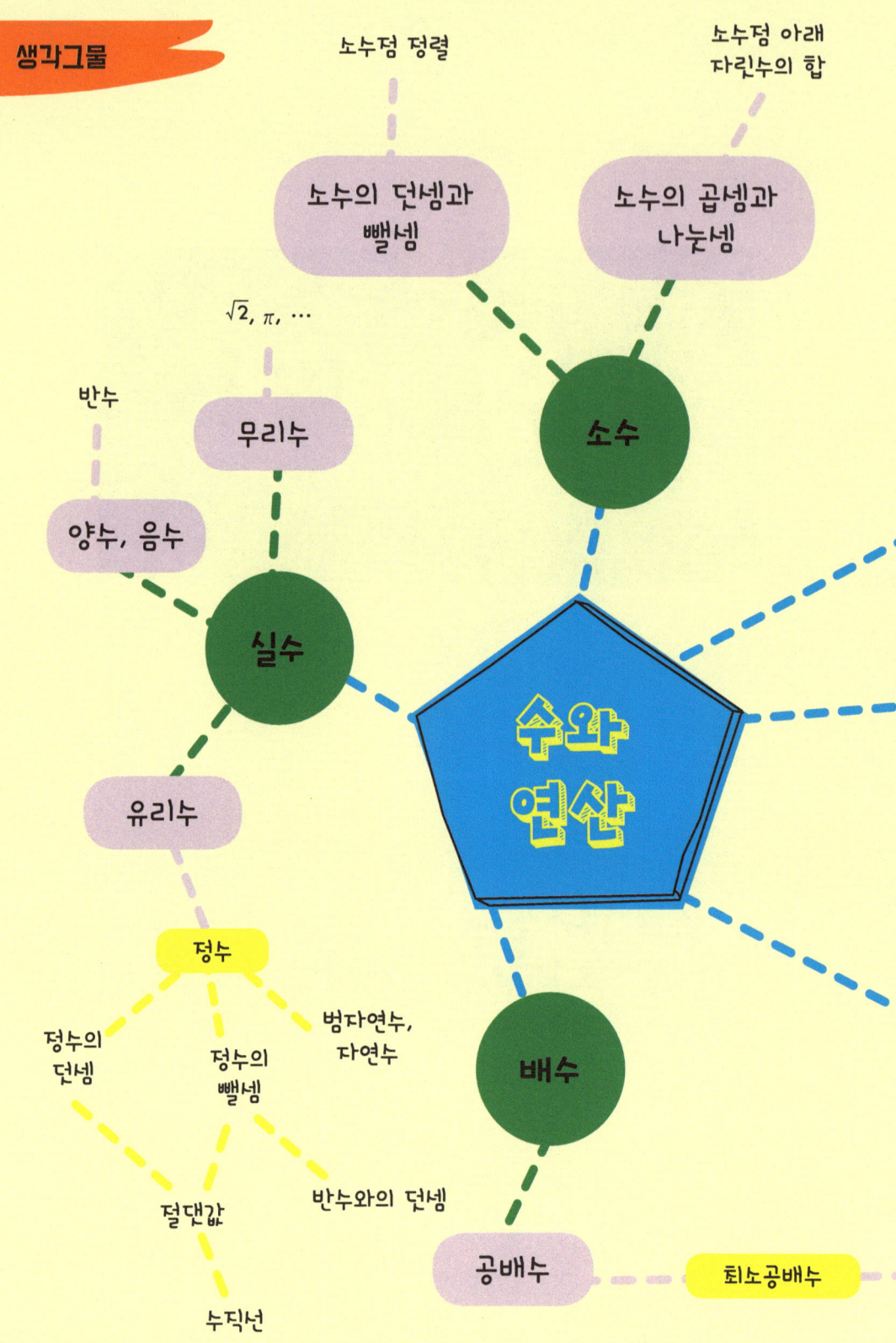

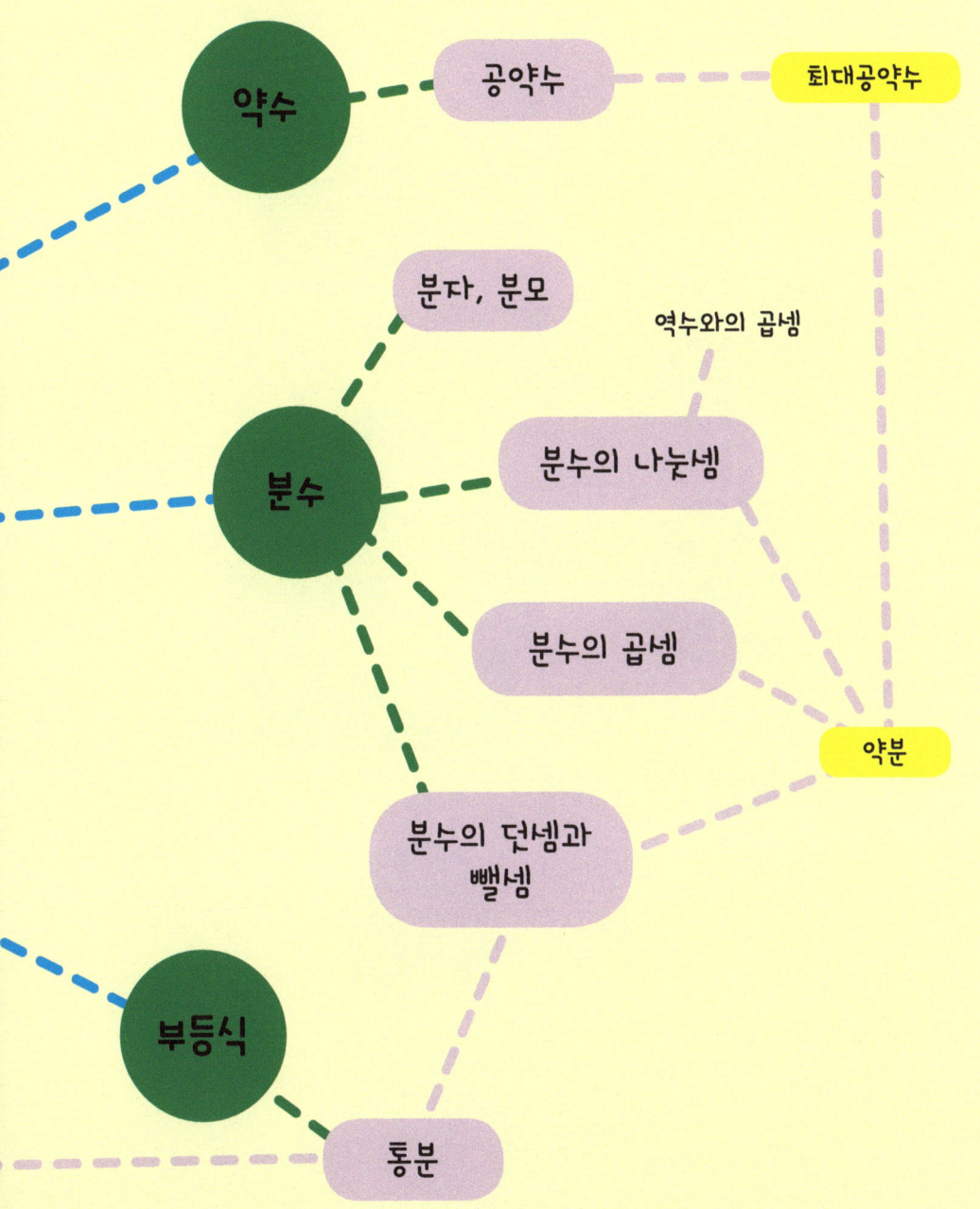

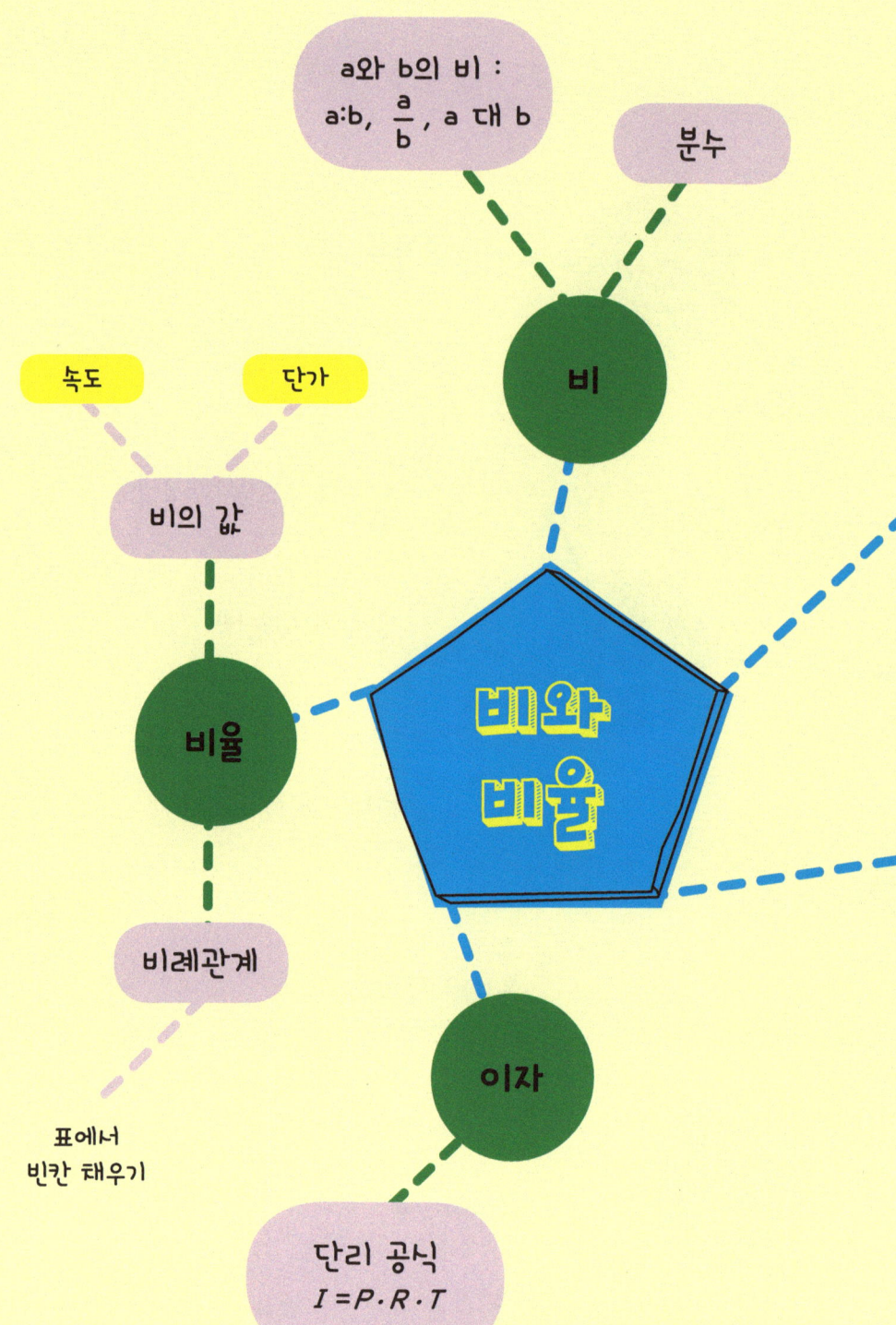

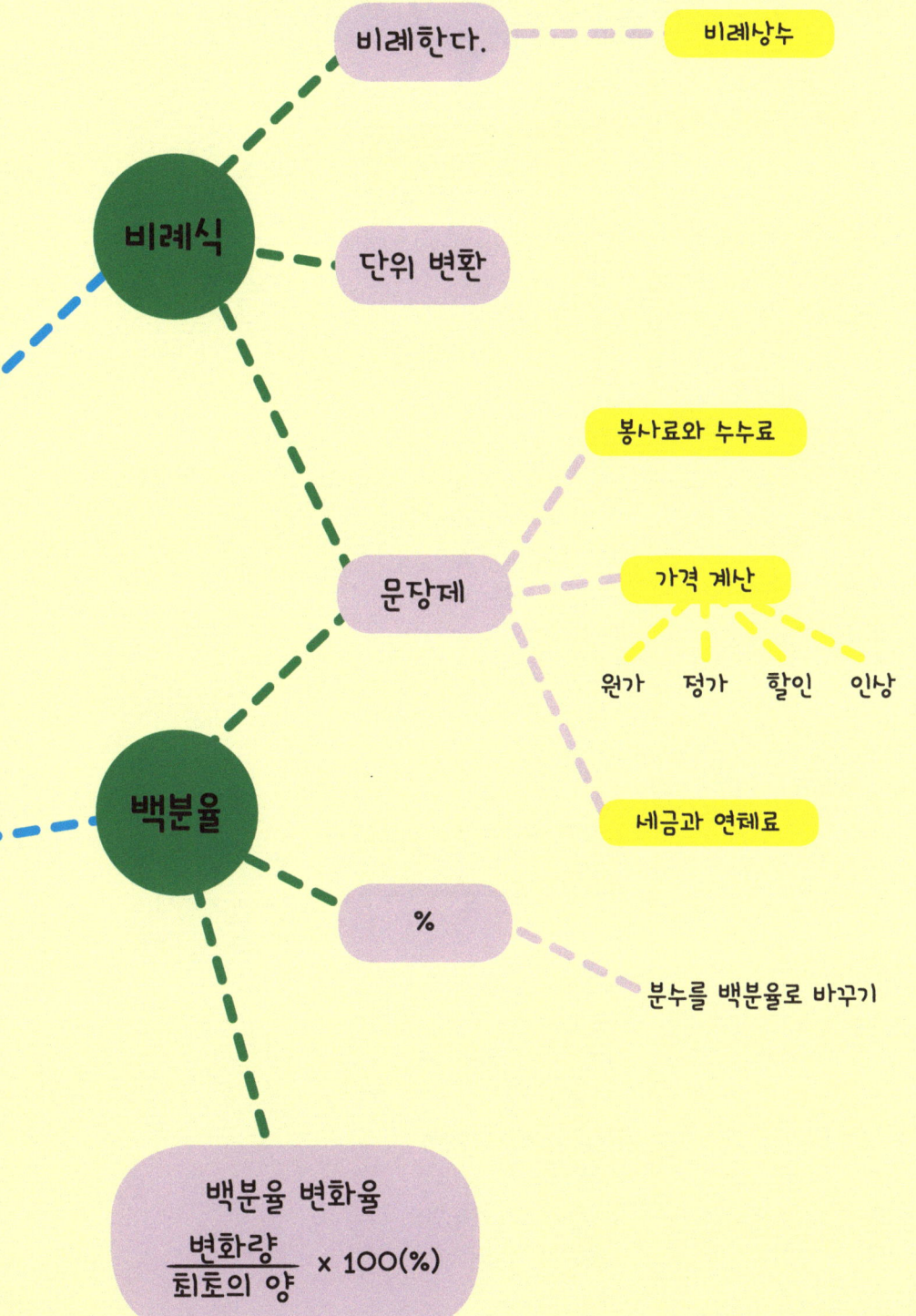

교과연계표

수와 연산 · 비와 비율

초등학교

- **3-2** 분수
- **4-2** 소수의 덧셈과 뺄셈
- **5-1** 약수와 배수
  약분과 통분
  분수의 덧셈과 뺄셈
- **5-2** 분수의 곱셈
  소수의 곱셈
- **6-1** 분수의 나눗셈
  소수의 나눗셈

- **3-1** 길이와 시간
- **3-2** 들이와 무게
- **6-1** 비와 비율
- **6-2** 비례식과 비례배분

수와 연산

- 1장. 수의 종류와 수직선
- 2장. 양수와 음수
- 3장. 절댓값
- 4장. 약수와 최대공약수
- 5장. 배수와 최소공배수
- 6장. 분수의 덧셈과 뺄셈
- 7장. 분수의 곱셈과 나눗셈
- 8장. 소수의 덧셈과 뺄셈
- 9장. 소수의 곱셈
- 10장. 소수의 나눗셈
- 11장. 정수의 덧셈
- 12장. 정수의 뺄셈
- 13장. 정수의 곱셈과 나눗셈
- 14장. 부등식

비와 비율

- 15장. 비
- 16장. 비의 값과 단가
- 17장. 비례식
- 18장. 단위 변환
- 19장. 백분율
- 20장. 백분율 문장제
- 21장. 세금과 연체료
- 22장. 할인과 가격 인상
- 23장. 봉사료와 판매 수수료
- 24장. 이자
- 25장. 백분율 변화율
- 26장. 표와 비율

중학교

- **1학년**
  정수와 유리수
- **2학년**
  유리수와 순환소수
  부등식
- **3학년**
  제곱근과 실수

- **1학년**
  좌표평면과 그래프
  (정비례와 반비례)

문자와 식·기하

초등학교

5-1
자연수의 혼합 계산

4-1 각도

4-2
사각형(수직과 평행)

5-1
다각형의 둘레와 넓이

5-2
수의 범위와 어림하기
합동과 대칭

6-1 각기둥과 각뿔
직육면체의 부피와 겉넓이

6-2 원의 넓이
원기둥, 원뿔, 구

문자와 식

- 1장. 식
- 2장. 법칙
- 3장. 동류항
- 4장. 지수
- 5장. 연산 순서
- 6장. 과학적 표기법
- 7장. 제곱근과 세제곱근
- 8장. 무리수의 대소 관계
- 9장. 방정식
- 10장. 방정식 해법1
- 11장. 방정식 해법2
- 12장. 부등식 해법
- 13장. 방정식과 부등식 문장제

기하

- 14장. 기하학
- 15장. 각
- 16장. 사각형의 넓이
- 17장. 삼각형의 넓이
- 18장. 피타고라스 정리
- 19장. 원의 둘레와 넓이
- 20장. 입체도형
- 21장. 부피
- 22장. 겉넓이
- 23장. 각, 삼각형, 횡단선
- 24장. 닮은 도형과 축척도

중학교

1학년
소인수분해
문자의 사용과 식
일차방정식

2학년
부등식

3학년
제곱근과 실수

고등학교

수학 I
지수와 로그

1학년
작도와 합동
평면도형의 성질
입체도형의 성질

2학년
삼각형의 성질
사각형의 성질
도형의 닮음
피타고라스 정리

확률과 통계 · 함수

초등학교

3-2
자료의 정리

5-2
평균과 가능성

6-1
여러 가지 그래프

5-1
규칙과 대응

확률과 통계

- **1장.** 통계
- **2장.** 대푯값과 산포도
- **3장.** 자료의 정리
- **4장.** 확률

함수

- **5장.** 좌표평면
- **6장.** 함수
- **7장.** 기울기
- **8장.** 일차방정식과 일차함수
- **9장.** 연립방정식 해법
- **10장.** 일차함수가 아닌 함수
- **11장.** 다각형과 좌표평면
- **12장.** 변환
- **13장.** 비례관계와 그래프

중학교

1학년
자료의 정리와 해석

2학년
확률

3학년
대푯값과 산포도
산점도와 상관관계

1학년
정비례와 반비례
일차방정식

2학년
연립일차방정식
일차함수

3학년
이차함수

고등학교

수학
평면좌표
도형의 이동

옮긴이 김의석

연세대학교 컴퓨터과학과를 졸업한 후, 광주과학기술원에서 정보통신공학 석사, 박사 학위를 취득했다. 글밥 아카데미 수료 후 바른번역 소속 번역가로 활동하고 있다. 옮긴 책으로는 『역사를 바꾼 영웅들』, 『10대를 위한 첫 코딩』 등이 있다.

수학천재의 비법노트 : 수와 연산·비와 비율

초판 1쇄 펴낸날 | 2017년 6월 23일
초판 5쇄 펴낸날 | 2025년 4월 14일

지은이 | 브레인 퀘스트
옮긴이 | 김의석
펴낸이 | 홍지연
편집 | 홍소연 고영완 이태화 이수진 김신애
디자인 | 이정화 박태연 정든해 이설
마케팅 | 강점원 최은 신예은 김가영 김동휘
경영지원 | 정상희 배지수

펴낸곳 | (주)우리학교
출판등록 | 제313-2009-26호(2009년 1월 5일)
제조국 | 대한민국
주소 | 04029 서울시 마포구 동교로12안길 8
전화 | 02-6012-6094
팩스 | 02-6012-6092
홈페이지 | www.woorischool.co.kr
이메일 | woorischool@naver.com

ISBN 979-11-87050-31-5(74410)
ISBN 979-11-87050-27-8(세트)

· 책값은 뒤표지에 적혀 있습니다.
· 잘못된 책은 구입한 곳에서 바꾸어 드립니다.
· KC마크는 이 제품이 공통안전기준에 적합하였음을 의미합니다.